中央民族大学离退教师学术著作出版资助项目
——"金秋"学术文库系列丛书

（意）伊曼纽尔·阿纳蒂　著
Emmanuel Anati

陈兆复　主编

Anati
on
Rock Art

阿纳蒂
论岩画

文物出版社

图书在版编目（CIP）数据

阿纳蒂论岩画／（意）伊曼纽尔·阿纳蒂著；陈兆复主编．— 北京：文物出版社，2019.1

（"金秋"学术文库系列丛书）

中央民族大学离退休教师学术著作出版资助项目

ISBN 978 – 7 – 5010 – 4678 – 2

Ⅰ．①阿… Ⅱ．①伊… ②陈… Ⅲ．①岩画学 – 文集 Ⅳ．①K879.424 – 53

中国版本图书馆 CIP 数据核字（2018）第 029511 号

著作权合同登记号：图字 01 – 2018 – 8265 号

Copyringht© 2018 by Emmanuel Anati

All Rights Reserved

阿纳蒂论岩画

著 者	（意）伊曼纽尔·阿纳蒂	
主 编	陈兆复	
责任编辑	吕 游	
封面设计	刘 远	
责任印制	苏 林	
出版发行	文物出版社	
地 址	北京市东直门内北小街 2 号楼	
	邮政编码　100007	
	http：//www. wenwu. com	
	web@ wenwu. com	
经 销	新华书店	
印 刷	北京京都六环印刷厂	
开 本	710mm × 1000mm　1/16	
印 张	13. 25	
版 次	2019 年 1 月第 1 版	
印 次	2019 年 1 月第 1 次印刷	
书 号	ISBN 978 – 7 – 5010 – 4678 – 2	
定 价	116. 00 元	

目 录

第三部分 论中国

第四部分 若干论点

前　言

　　我和阿纳蒂（E. Anati）教授相识已 30 年了。记得 1986 年的 5 月，我从意大利罗马到达巴利西亚，在这里改乘山间的小火车去梵尔卡莫尼卡山谷中的桥头。"桥头"意大利语为"卡波迪蓬特"（Capo di Ponte），它是意大利北部梵尔卡莫尼卡山谷中的一个小山村。从 20 世纪 50 年代开始，在这条山谷中发现了大量的古罗马时期前的岩画，使这里成为意大利卡莫诺史前研究中心（CCSP）的所在地，阿纳蒂是研究中心主任。同时，联合国教科文组织国际岩画委员会（CAR）也设在这里，阿纳蒂也是这个委员会的主席。

　　小火车终于到达桥头小站，我在车窗前就发现阿纳蒂魁梧的身躯已在月台上等我了。当他帮我提着那沉重的行李箱时，问道："你是不是把石头也带来了？"小汽车在山路上转了几个弯就到了卡莫诺史前研究中心。把行李整顿好后，他又开车带我去参观当地的风光，时值 5 月初，层峦叠翠、郁郁葱葱的阿尔卑斯山之中穿插着几幢小楼房。在纯净蔚蓝的天空背景上，白皑皑的雪峰在斜阳中闪着耀眼的光芒。他问我："中国的山水也是这样的吗？"我说："山峦差不多，只建筑有些不同罢了。"

　　这样，我在这小山谷中安顿下来后，一住就是一年半。我是来卡莫诺史前研究中心做访问学者的，几乎天天和阿纳蒂相见。他是犹太人，祖父一代才来意大利定居。我们讨论得最多的是岩画类型的问题。那时他用"style"，我总以为使用"type"更为合适。阿纳蒂早年信奉马克思主义，认为经济的发展是社会文化发展的基础，也是岩画发展的基础。

阿纳蒂是当今国际上的岩画泰斗，他的岩画思想在我国有很大的影响，曾多次访问过中国，也多次到过中央民族大学。他对中央民族大学岩画研究中心的建立有过重大的影响。同时，中央民族大学岩画研究中心曾多次派教师和学生到卡莫诺史前研究中心（CCSP）去进修、学习、访问，也推动了他的学术思想在中国的传播。

这里收集阿纳蒂教授有关岩画的几篇文章。

《世界岩画研究概况》是一份送交联合国教科文组织的报告。由联合国教科文组织于1983年出版。

《世界岩画——原始的语言》是上面交联合国教科文组织的报告的续篇，着重于岩画理论的阐释。

《桥头》。桥头是一个山村，本书翻译的是第一部分，也就是文字部分。从20世纪50年代开始，在这条山谷中发现了大量的古罗马时期前的岩画，图形数量多达十几万个。阿纳蒂从1956年开始就在这里蹲点研究岩画，已达数十年。

《中国岩画发现史·序》。1986～1987年，我在梵尔卡莫尼卡桥头这个小山村里完成了《中国岩画发现史·序》一书的英文稿。时任国际岩画委员会主席的阿纳蒂教授为此书撰写了一篇热情洋溢的序言。文中他首次发表对中国岩画的看法，有一定的参考意义。

《猎鹿》　西班牙拉文特岩画

《对话阿纳蒂》为 2010 年 9 月 12 日晚上，在新郑市电视台演播大厅，刘五一先生与阿纳蒂教授就具茨山岩画相关研究问题的对话实录。

《岩画是一种语言，有着自己的"句法"与"文法"》和《岩画艺术若干论点》，是对阿纳蒂岩画思想的一些概述。

阿纳蒂教授是联合国教科文组织顾问、国际岩画委员会原主席、卡莫诺史前研究中心主任，他的岩画著作很多，这里翻译的几篇文章只能说是冰山一角，但编者认为这几篇文章勾画出了阿纳蒂岩画理论的一个基本轮廓。

陈兆复

2017 年 5 月 30 日端午节

总论

*Anati
on
Rock Art*

抢救世界的岩画

陈兆复　译

一

　　1627 年，一位名叫彼得·阿尔弗逊（Pederr Alfsson）的挪威教师，在波罕斯浪（Bohuasllan）发现了史前的岩画，这是近代岩画艺术研究的开始。岩画艺术的发现把人类的历史推前了数万年。

　　自从阿尔弗逊在三个半世纪之前开创了这个学科以来，岩画使学者与一般群众着迷，一直到 19 世纪的末期，岩画的研究一直都没有得到应有的重视，有时它好像似是而非的，到了近代，岩画才不仅仅是一种描述性的题目，而是一个研究性的学科。当然，这并不是说，早年伟大的研究者们的贡献是微不足道的。事实上，不管在美洲还是别的地方，先驱者们都进行过重要的编目工作。

　　斯密逊组织 1893 年出版过玛勒里（G. Mallery）的《美洲印第安人的图画文字》。同时，瑞典和阿尔卑斯山的岩画，也曾被阿尔摩林（Oscar Almgren）和英国牧师皮克尼尔（Clarence Bicknell）分别研究过。在 20 世纪初，则曾搜集过有关南非、撒哈拉和澳大利亚岩画的报告和资料。

　　大约在 100 年之前，西班牙规模宏大的阿尔塔米拉洞窟被发现，给予岩画研究以巨大的推动力。首先在阿尔塔米拉，然后在拉斯科。诸如亨利·步日耶（Henri Breuil）和雨果·奥伯迈耶（Hugo Obermaier），这些伟大的学者都描述和著录过他们所看到的岩画，这两个人和稍后的恰丁（Teilhard de Charden）创造了一个挑战性的学派，致力于岩画研究的一种新的方法。"研究"对这些学者来说，既是描述对象，又是建立理论，还联系着如下两个方面，那就是解释古代岩画的意义，并将它和今天的原始部落的习惯及传说联系起来。尽管在这些所有早期的研究中，由于不断的努力，或多或少进行过事实的记录，但是他们很少有分析，而且综合几乎是没有的。

虽然如此，我们仍然要感谢这些学者们的努力，因为他们提供了一个令人大吃一惊的智力基础，并激起了人们的好奇心，也鼓励着人们进一步的探索。今天岩画的研究，比起 20 世纪来是系统得多了，继续下去，那些早先时代具有生命力和令人兴奋的东西，将被更好地发掘出来（图 1）。

图 1　《大象与长颈鹿》　埃及岩画　早期狩猎者晚期

二

20 年前，世界上岩画专家还是非常稀少的，只集中在少数的国家里。事情现在已经开始起变化，因为学者们开始懂得，岩画犹如文字，是重建历史非常重要的资料来源。

1963 年 8 月 3 日，21 位学者在意大利的梵尔卡莫尼卡集会，建立了卡莫诺史前研究中心（CCSP），这是一个致力于世界范围内岩画研究的组织。它逐步成长起来，现在已经有 1000 多名遍布于全球的会员，来自 69 个国家。卡莫诺史前研究中心的目的不仅仅研究史前艺术，而且涉及史前部落人类的经济、社会和精神生活等各种课题。

在非洲、亚洲、美洲、欧洲和大洋洲的许多国家，岩画表现着晚期智人生存故事的连续性篇章。从早期的狩猎者，到当代的狩猎、采集和游牧社会，表达了超过 3 万年的想象和概念的活动，构成了理解人类高智能的一种重要的源泉，这是关于抽象、综合和理想的智能。岩画可以印证在世界广阔地域内不同种族、不同时代的人群的社会经济活动，以及他们的文化实践和信仰制度。所以，要有一个真正的国际性的方法或"战略"来搜集、研究和保护岩画这种杰出的艺术财富，这就成为了一件非常迫切的事情了（图 2）。

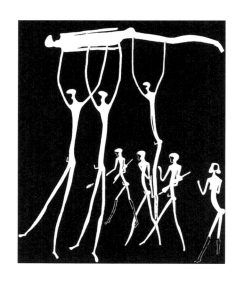

图 2　《葬礼》　纳米尼亚后期狩猎者的岩画

因此，卡莫诺史前研究中心已通过一项议程，采取各种不同的行动去记录和保护岩画这个生动的历史源泉。最有野心的行动之一是要建立一个世界性的编目和资料库。于是由联合国教科文组织的专家会议，制定了一系列的文件。这个专家会议 1981 年 9 月在教科文组织的赞助下，于卡莫诺史前研究中心召开，并得到三个重要的、相互联系的组织的援助，分别是国际纪念碑和遗址委员会（ICOMOS）、国际博物馆理事会（ICOM）、国际文物保护修复研究中心（ICOROM）。来自五大洲的 26个国家的代表参加了这个会议。

世界岩画的编目和资料库的建立是为了寻求在世界范围内一切岩画知识最大系统化的方法。800 多个地点的岩画已被明确地断代，其中的144 个地点被认为是最令人感兴趣的地点。这 144 个地点，每一个都有着特别明确而完整的图像，在不超过 10000 平方米的地区内，至少包括10000 个形象。事实上，有些地点超过 100000 个形象。

这些地区在五大洲都有发现，同时，它们在全球的分布情况，也是耐人寻味的。就所谓的"主要地区"而言，没有一个大陆少于 10 个"主要地区"，也没有一个大陆超过 40 个。这些岩画地区的岩画点绝大部分散布在荒无人烟的干旱地区和半干旱地区，大多数存在于分散的地理学区域周围。这种情况，重复出现于从中央阿拉伯的达沙米·韦尔斯（Wells）到挪威的特罗姆瑟，从阿尔及利亚撒哈拉的霍格（Hoggar）到南澳大利亚的彭那拉米提山（Penaramitee），从南非的卡拉哈里沙漠到墨西哥巴雅·加利福尼亚的圣地纳欠奥（Sant Nacio），从意大利阿尔卑斯山的梵尔卡莫尼卡到西伯利亚的叶尼塞河和从阿根廷巴塔哥尼亚高原的丘布特河到以色列内盖夫沙漠的哈·卡哥摩（Har karkom）。另一方面，值得注意的是在热带丛林地带，却极少发现岩画的稠密地区，如亚马孙平原、中非和东南亚。

三

在岩画的研究领域内，目前有一个重要的进步，就是改进了记录和分析的方法。虽然还没有想出一科学普遍适用的记录体系，但是由卡莫诺史前研究中心所发展的方法，已被采用于某些欧洲、近东和非洲的主要岩画点。然而问题是复杂的，对于每一个项目，方法必须有适应于分析所需要的资料。比如，记录岩面上的绘画和线刻，就要求使用不同的方法，即使两者占据着同一个岩面，仍然要有不同的考虑。

再者，一大堆不同的因素，对各自分散的研究和考察，都需要特别的方法——形象的大小尺寸，岩面的装饰，保存情况，岩石的类型、表面的凹凸以及不同的风化程度，各种制作技术，地层学上图形覆盖的现象。例如，由于岩石表面的氧化，岁月改变着颜色，但这种颜色的变化程度，往往又和推算岩画面上的绘画和线刻年代的可靠指标极不一致。

卡莫诺史前研究中心的出版部门——中心编辑部，到目前为止，已出版了五十卷关于岩画及其有关的著作。它长期的主要目标之一是发展成为多样化的出版团体，这将使岩画这种艺术能和学者以及一般群众亲近起来，以保存这种世袭的财产，既为今天的研究工作服务，也可被子孙后代所享用。特别要提到的是，研究中心和教科文组织以及国际纪念碑和遗址委员会，合作出版了岩画研究的《国际年鉴》。同时，研究中心的《公报》（BCSP），正在逐渐地发展为一本国际性的岩画研究杂志，成为进一步研究和增进文化遗产、提高保护技术和进行资料交流的园地。

由于对这种宝贵遗产的保护工作，已成为如此迫在眉睫的问题，使卡莫诺史前研究中心在开展岩画研究时，更具有行动性的一面（图3）。一些初步的目标，包括研究有关岩画地点的保护立法问题，并提出忠告改进岩画的地点、改进考古公园和生态博物馆，举办国际性的研究班和专题讨论会，以交换思想和培养专家。研究中心也向需要的地方输送专

图3　《集合的人群》　意大利梵尔卡莫尼卡岩画　复合经济时期

复杂经济人的岩石雕刻在意大利的梵尔卡莫尼卡山谷发现。一个男性和三个女性舞蹈并产生声音、节奏，这些是由表意文字表达。

家，并向专家们提供比较性的资料数据，帮助其找到工作和确定研究项目。

卡莫诺史前研究中心特别致力于组织国际性的专家会议。在全世界的多个国家里，现已有 200 多位的专家，同时还有许许多多关心、喜爱岩画的民众，把专家们组织在一起是特别重要的工作。1968 年，研究中心组织了一次国际岩画讨论会，来自 26 个国家的超过 100 位专家开创了岩画研究的新时期。此后，在研究中心已举行过三个重要的国际性专题座谈会和大量的其他会议，最近的一次就是上面提到过的 1981 年在教科文组织资助下举行的会议。尤其重要的是，1979 年 11 月国际纪念碑和遗址委员会组成国际岩画委员会，笔者被指定为主席。委员会首要目标之一是编制岩画研究专家名册。

四

在世界不同地区的岩画究竟能够推算到怎样遥远的年代？如果它的功能是不同的，那它真正的功能又是什么呢？从现有的资料看，它最初出现在非洲、亚洲和欧洲的时候，其传统跨越的时代有 30000 多年。公元前 20000 年，它出现在澳大利亚南部；公元前 17000 年，出现在巴西；公元前 10000 年，出现在南美大陆的最南端。

奥瑞纳时期的欧洲有着两个主要的岩画艺术区。一个是法兰克—坎塔布利亚，有诸如拉斯科和阿尔塔米拉这样的地点；另一个在中欧，有维林多夫·沃格尔里特（Vagelhatd）和多尼·维斯托尼斯（Dalni Vestonice）。而后一个地区则包括早期可移动的小型艺术品。许多学者认为，这两个地区有着一种共同文化的模式，但另一些学者则持怀疑的态度。值得注意的是，这些史前艺术地点以相似的艺术风格和题材内容及大致相同的年代，散布在各个大陆。著名的旧石器时代的艺术群，也发现在乌拉尔的卡帕瓦洞穴、西伯利亚中部的贝加尔湖畔。在坦桑尼亚高地，那里宏伟的绘画同样具有旧石器时代的特点，也可能和欧洲洞穴艺术一样古老。在纳米比亚，画着彩色动物形象的石块在阿波罗 Ⅱ 洞穴发现，据^{14}C 测定，为距今 26000～28000 年。在同一地区，在岩石遮蔽处的岩面上发现相似的描绘。旧石器时代特点的岩画在阿根廷巴塔哥尼亚高原的宾图拉斯河（Rio Pinturas）断代为更新世时期。最后，在澳大利亚极南部的康达拉洞穴所保存的图像，经^{14}C 测定，超过 20000 年，和某些欧洲奥瑞纳时期的洞穴一样古老。

于是问题出来了，是否可以假定这些岩画有一个共同的起源。如果如此，这共同的起源在何处，又在何时产生？或许所有这些图像艺术是各自独立发展着的，并以一种平行的形式出现在古代许多不同的地方。这样就出现两种意见的激烈争论，一种叫作"散布论"，即从共同的起源散布出来的；另一种叫"同时发生论"，即在许多地方同时发生的。对此，现在还没有一个定论。另外，比如说，关于欧洲岩画概念的母型问题、这些早期艺术活动的功能问题以及在社会生活中的地位问题，现在也都还没有定论。

但是，至少有些问题看起来是毋庸置疑的。旧石器时代之后的岩画有着不同的社会目的，反映着不同的社会、心理、观念的需要。这个情况如果拿当地原始部落的艺术来说，可以说很多，例如南非的布须曼人、加拿大北部的因纽特人、近东的贝都英人、澳大利亚中部的阿兰达人，他们的直接证据对我们是有用的（图 4）。此类民族学的研究，把现代的原始部落和古代的完全相似的人或物联系起来，即使不是完全令人置信，但也的确是有用的，可以帮助学者"阅读"这些岩画，并进行类推。由于这些古代的岩画群，表现出一种体系，近似于我们称为"图画文字"的东西。在某些地点，如意大利阿尔卑斯山的梵尔卡莫尼卡，靠近卡莫诺史前研究中心的领导机关，解释这种"图画文字"的工作已取得很好的成果，虽然绝非是完全的。

无论自觉或不自觉、直接或间接，岩画艺术是人类为生存而斗争的图解，它揭示了劳动模式、经济活动、社会实践、美学倾向、哲学思想和自然与"超自然"环境的关系。所有这一切，像从艺术开始存在以来的每一类的艺术形式一样，成为人类清楚地说明世界和反映世界的一种手段。

图 4　《母子》　以色列岩画　后期放牧者时期

岩石雕刻，游牧牧民的骆驼护理它的幼崽。Nahal Odem，南部内盖夫，以色列。牧民的兴趣是关注日常事件的细节。

再者，正如通常的艺术一样，岩画艺术既有其具体表达的内容，又联系到它的创造者——在某种特定时间和地点的人群。这些人群是有着明确的文化发展类型的，所以这并不奇怪岩画今天为什么又引起人们极大的兴趣以及群众和学者们的热情。1983 年，在梵尔卡莫尼卡有 30 多万人参观了岩画，而在 1964 年却只有不到 10000 位参观者。全世界成千上万的民众，长途跋涉，像朝圣似的到岩画地点那里欣赏岩画的力量与优美。

我们可以有把握地说，同样的热情和动机支配着我们去研究千万年前的古代岩画艺术的创造。这种研究带来了解人类认识的古代因素，而这种因素在现代人生活里却已大大地被压抑了。通过历史的重建，使我们能够知道，在某个特定的时刻，世界不同的地区发生了什么事情（图 5），并说明人类的行为、社会活动和文化水平是如何由艺术反映出

图 5　《鱼群》　加拿大不列颠哥伦比亚岩画

来的。这个过程向我们揭示了社会和个人的根源。这种揭示使我们能够更彻底地了解我们自己的过去。这种世界观点是必需的，或许会使我们今天或多或少地对人类各种族的一致性，有更深的认识。

尽管现在岩画的方法学上已经得到了提高，且最早的描述至今已有三个半世纪，但作为一个研究领域，岩画仍然处于幼年时代。今天的研究者必须着重依靠前人的研究成果，同时面临着一个世界性的、系统化的研究工作，建立一种为当代和后代都能利用的系统性研究的普遍基础。这种可能性是存在的，是什么东西决定建立这种如此深刻且至关重要的基础呢？就是岩画这种艺术具有全球性的宽度和无边历史性的深度。文字给我们在世界上一小部分地区记下了人类最早 4000 年的历史，在此之前，我们只有人类活动的少数间接的资料。他们的动机是什么，他们的智力、宗教、概念的生活又是怎样？当我们仔细分析这个范围广阔的文化的上下文衔接，岩画可以将我们拉回到 30000 年之前的人类生活，而文字的记载，在世界的某些地区只有几百年的历史。

——译自美国纽约出版的《Archaeology》（考古学杂志）1983 年 3、4 月号。翻译于 1985 年，载于《世界岩画研究概况》，中央民族学院少数民族文学艺术研究所。

世界岩画研究概况

——一份送交联合国教科文组织的报告

陈兆复 译

一 前 言

法国拉斯科和西班牙阿尔塔米拉的洞穴岩画（图6），由于它们的地理位置和被载入艺术史教科书的缘故，对公众来说已是很著名的了，只有少数人知道，这些遗址仅仅是全世界庞大的岩画遗产中的一小部分罢了。目前的发现表明，在世界的大部分地区，早期人类都选择岩石的表面来进行描绘和雕刻。虽然发现工作绝非充分，但根据我们所得到的报告，岩画地点就已有几千个。科学的方法，如^{14}C测定年代以及史前的气候资料和考古学的分析，使我们知道最古老的岩画创作于距今约40000年之前。

岩画这种艺术体现了人类抽象、综合和想象的才能。它描绘出人类经济和社会的活动、观点、信仰和实践，对认识人类的精神生活和文化

图6 《鹿群》 法国拉斯科洞窟崖壁画

样式提供了无比丰富的资料。岩画不仅代表着人类早期的艺术创造力，而且也包含着人类迁徙的最早证明。早在文字发明之前，它成为人类遗产中最具普遍意义的一个方面。

由于某种原因，岩画这种人类宝贵的文化遗产正在迅速地被毁坏，诸如森林的采伐、人口的增加、城市的成长、道路的修筑和地区的发展，也还有无知或恶意破坏文化艺术的行为以及人们别的活动，都是引起这种毁坏的主要原因。尤其值得我们注意的是，绝大多数遗产尚未被记录和研究过，人类就已面临着丧失它们的危险。因此，为把它们保留给后代，一个国际范围内的记录、编目和抢救的工作，已成为非常紧迫的事情了。

二 遗产的范围

（一）初步调查

世界岩画的初步调查，是以卡莫诺史前研究中心（位于意大利）档案室所收藏的资料为基础。根据到目前为止所收到的报告，我们可以说出世界上有 780 个岩画地区，包括数千个地点。

这里有必要区分什么是"地区"和"地点"。研究者们曾在这方面做过许多工作，但最后正式的区分，仍然需要明确起来。从整体上说，一般看来都同意如下两点。

1. 岩画"地点"是指有岩画的地方

"地点"的边界在最靠边的图形以外 500 米的地方，从东、南、西、北四个方向看都再没有其他图形了。比如说，两组图形之间没有图像的区域且超过 500 米的，那就可以被认为是两个不同的"地点"。目前，世界上已被记录的"地点"超过 2000 个。

2. 岩画"地区"可以包括许多"地点"

初步的区分是由它们文化和风格的特征。岩画地区有着地理面貌的一致性，诸如河流、高原、山地等等。为了能清楚地区别所形成的不同的"地区"，两个岩画集中点之间，至少要有 20 千米以上的距离，这个距离大约要走一天的路程。如上面提到过的，全世界大约 780 个地区已被确定，这个数字主要依据有可靠年代的报告。

（二）主要地区

地区的选择是为了确定"主要地区"。所谓主要地区，就是那里存在着的岩画，对于早期人类智能一致性的认识有着杰出的贡献。大多数的主要地区，在小于 1000 平方千米的地带之内，有超过 1 万个图像，这并不是一个绝对的先决条件。

令人吃惊的是，主要地区很平均地分布着，没有一个大陆少于 10 个，也没有一个大陆超过 40 个。到目前为止，经鉴定出来的有 140 多个主要地区分布如下：

非洲 24 个国家，31 个地区；

亚洲 12 个国家，32 个地区；

美洲 13 个国家，39 个地区；

欧洲 14 个国家，31 个地区；

大洋洲 6 个国家，15 个地区。

总计，世界 69 个国家，148 个地区。从这个分布情况来看，我们可以说，岩画的确是具有世界性广度的现象。

（三）艺术品的数量

岩画的某些主要地区，有着非常巨大数量的图像。莱索托和南非境内的德拉肯斯山脉，那里包括 1000 个以上的地点，估计有超过 100 万个图像。澳大利亚的阿纳姆高地有超过 100 万个图像。阿尔及利亚的塔西利，有 400 个以上的地点，至少有 40 万个图像。在以色列内盖夫和埃及西奈，包括 17 个地区，300 个以上的地点，至少有 35 万个图像。在法国、意大利、瑞士和奥地利的亚平宁山区，有 16 个地区，仅就其中之一的梵尔卡莫尼卡（位于意大利），就包括 26 个地点，已记录了 18 万个以上的图像，估计全部要超过 30 万个。在阿拉伯、印度、苏联、巴西和阿根廷的许多地区，都可能包含有许许多多的图像，只是尚未经过精确、可靠的调查罢了。

世界的岩画艺术，到目前为止，我们已记录下来的数量超过了2000万个图像。但是，我们确有把握地说，现在世界上存留的岩画图像，全部将超过5000万个。这些岩画构成了一种人类精神经历不平常的记录，它是一种杰出的世界遗产和重建人类历史的源泉。

三 研究的历史

（一）研究的开端

自从1627年，挪威教师彼得·阿尔弗逊在瑞典的波罕斯浪首次记录史前的岩画以来，使学者和一般民众都对岩画的研究感到兴趣，并已逐渐地发展起来了。

19世纪以来，有关岩画的出版物已经逐渐增多了，即使如此，岩画的研究仍然是一个比较年轻的学科，是一个发展不充分的考古学研究领域。今天，这个题目正在唤起学者们的兴趣。然而高质量的记录制度、充分一致的方法等，在世界的许多地区仍然是缺乏的。

虽然，零星的岩画报告在18、19世纪就已经出现了，但主要的研究工作一直到19世纪末才开展起来。在美国，玛勒里的一本非常有价值的书《美洲印第安人的图画文字》，1893年由斯密逊组织出版。21世纪初，在南非、撒哈拉、澳大利亚，都有岩画方面重要的报告和资料（图7）。在瑞典，岩画的研究工作由阿尔格林带头；在阿尔卑斯山则以英国牧师克拉里斯·皮克尼尔为先驱。

大约100年前，在阿尔塔米拉洞穴岩画发现之后，法国和西班牙大量旧石器时代的洞穴被发掘出来了。21世纪初，岩画地点的记录和描述，是在亨利·步日耶和雨果·奥伯迈耶指导下进行的。这两位学者和后来的忒哈特·达·恰丁，创造了一个挑战性的学派。其贡献在于使岩画研究获得一种新的方法。当时的研究是由描述和理论两方面

图 7　《树神》　澳大利亚达利河岸岩画

岩画位于澳大利亚北部，河岸长度超过 15 千米，两岸有极美的洞室，内有岩
画。土著人按固定的时间来到这里举行秘密仪式。岩壁上画有像这幅图案一
样的祖先的生灵，呈彩虹蛇形，这个神秘的生灵受到澳大利亚北部数个部落
的崇拜。

组成的。学者们企图去确定史前绘画的年代，解析它们的意义，并和现
代的原始部落的传说和习惯联系起来。但是，在这些初期研究中，当时
尽管有许多对事实的解释，却很少有综合和分析。即使如此，他们毕竟
准备了一个令人吃惊的知识基础，使人们产生好奇心，刺激着人们去从
事进一步的研究。

（二）研究方法的发展

　　记录和研究的方法一直是在不断地完善之中，而且随着科学的发
展，也将会得到进一步阐明与发展。研究的进步，随之而来的对文献和
分析的体系都会有新的要求，这样又会促使更加深入的研究。
　　研究方法必须为每一个项目所采用。首先要能保证得到分析所需要的基础资料。分析必须依照明确的目标，正如每个项目所表示的那样。记录岩面上的绘画和线刻，两者要求不同的技术，如果两者存在于同一个岩石表面上，还要考虑别的方法，再加上图形的尺寸范围和岩画表面的保存情况、岩石的类型、制作的技术、地层上的层次顺序、岩石表面的不规则和不同程度的变色。这种变色是由于自然界氧化的缘故，岩石表面的色彩也由于岁月而改变了。以上各种情况，都要求特殊的调查和研究方法。现在记录的方法，已由卡莫诺史前研究中心在意大利发展了，并被许多欧洲、近东和非洲的主要岩画地点所采用，但仍然不能说是普遍适用的记录方法已被解决了。

记录同样要求考虑到画面重叠的次序和地层学上的问题，岩画题材的分析、风格式样的估价、原材料的研究和艺术家所使用的工具，以及还要考虑到大量其他方面的问题。

由于各种各样的研究和训练，研究者们使用着各种不同的方法，然而发展和建立一种统一的普遍的体系，无论如何是迫切的。研究者之间能互相了解，比较研究的成果，去鉴定每个地区普遍的和不同的因素。

当一个地区已被精确地记录了之后，出现的主要问题是这些搜集起来的材料将做什么用，换句话说，岩画研究的任务和目的是什么？正如记录的方法一样，研究的目的也在发展着。前些年，这个领域的范围变得更为广阔，并出现了新的含义。

事情在发生变化，当人们了解到岩画好像文字，是人类历史重建非常重要的来源。岩画的研究在容量和前景两方面都发展了，所以近代岩画研究，不再仅仅是把岩画作为描述的对象，而变成了一个研究的学科。

20 年前，只有少数的岩画专家，集中在少数的几个国家里，今天全世界已有约 100 个国家超过 200 位专家，成千上万的普通民众，像朝圣者那样到岩画地点去"朝圣"。1983 年，仅梵尔卡莫尼卡就有超过 30 万人参观了岩画，而在 1964 年参观的人数还不到 1 万人。20 年间参观的人数增长了 20 倍。虽然，岩画大都是由民众发现的，但学者们仍需要明确他们的任务和目的。

（三）国际性的协作

卡莫诺史前研究中心建立于 1963 年，是一个非营利性和非政府性的组织。它的目的是研究史前和原始部落的艺术，并联系到有关史前和原始部落的经济、社会和精神生活（图 8）。20 年间，它已接待过来自 60 多个国家的学者，并在全世界范围内开展研究工作。1968年，组织了一个国际性的岩画专题座谈会，聚集了 26 个国家的 100位岩画专家，开创了一个世界性岩画研究的新时期。此后，三个主要的国际性专题座谈会和大量一般性会议和研究班都在卡莫诺史前研究中心举行。

图 8　《受伤的野牛》　西班牙阿尔塔米拉洞窟崖壁画

1979 年 11 月，联合国教科文组织国际纪念碑和遗址委员会建立了国际岩画委员会（CAR），现在已有 150 多位成员。委员会在成员之间散发有关的报告，致力于在这个领域内加强联系，并促成世界岩画资料库的建立。

1981 年 9 月，岩画专家国际性会议和研究班由联合国教科文组织在卡莫诺史前研究中心举办，并有国际纪念碑和遗址委员会、博物馆国际理事会和国际文物保护和修复研究中心参加，代表来自五大洲 24 个国家。

研究班的目的是为岩画的研究、记录和保护方面提供专门的训练。

在岩画研究项目方面增进协作，发展标准化的程序；在岩画这个领域内，对保护、估价和报道等方面，为这个世界性的战略任务打下一个基础。

在研究班期间，教科文组织举行专家会议，提出一系列倡议，并奠定了国际性行动和协作的基础。

倡议的目标是实现世界岩画编目和资料库的建立，准备和印发国际岩画研究专家的通讯录（从事岩画研究的所有人以及他们的身份）；改进世界岩画研究杂志，以促进研究水平的提高，为文化遗产的利用和最新保护技术的采用，并出版年鉴。同时，研究有关岩画地点的保护法规问题提供资料，并提出忠告，为有关的专家和政府提供可比较的有效报告。推荐专家，特别为那些迫切需要保护的项目。

（四）目前的活动

当前主要集中在三个领域。

① 文件。建立一个世界岩画编目和资料库，作为国际纪念碑和遗址委员会和卡莫诺史前研究中心的合作成果，已印行一份标准化的岩画"地点档案"草稿（1981 年国际研究班参加者通过），以进一步征求意见和建议，使它成为一个世界性的标准化制度。这份档案已被意大利、以色列、印度、墨西哥和坦桑尼亚等国所采用，证明其是有效的，而且使用起来又十分方便。"地点档案"考虑到各种岩画的不同存在形式。

目前，这些"地点档案"在美国、加拿大、莱索托、瑞典、意大利、法国和西班牙使用，尝试统一标准以适合于世界范围内的运用。标准的"地点档案"表格，应提供最低限度的、最主要的资料。这种文件是经过初步整理和计算机化，对各个地点的研究都是有效的。卡莫诺史前研究中心的档案室已经收藏了大量的世界岩画资料，包括来自约100 个国家和50 多万张照片、幻灯片，大量的复印件和复制品，还有调查远征队的野外报告，与前面提到的那些集中在一起，构成世界岩画编目和资料库的核心。

② 出版。现在进行如下几个项目。

出版了在 1981 年举行的国际研究班会议的记录，这些材料现在已编好了。

采纳大家的意见改进《卡莫诺史前研究中心公报》，使其成为一种世界性岩画研究杂志，第二十一卷的编辑已结合了这些新的任务。

提出所有从事岩画研究的以及他们身份的名册。因此，已将表格寄发给学者和专家们，第一辑的编辑和付印已接近完成。

建立一个"世界编目"以便出版和发行，第一阶段将包括有关主要地区的编目。广泛的国际合作，包括赞助人的支持，对完成这些出版计划是必需的。

③ 训练。现时的计划包括发展教育机构，提出专业的训练计划，组织国际性的岩画专题座谈会和研究班，并准备大量地向专家和群众散发研究报告。由于经费所限，这个行动到目前为止只是适度的。1981年之后，专题座谈会和研究班计划每两年举行一次。

（五）进行中的研究项目

有关岩画的研究项目在全世界进行。前几年，野外调查工作和岩画研究工作，有了长足的进展。在 1982～1983 年，卡莫诺史前研究中心收到的报告，提供了大量的新情报，然而反应并不是一致的。到目前为止，收到的所有报告，是否能精确地反映出世界范围内已经调查过的岩画，这是值得考虑的。除我们自己研究的项目之外，情报也要从出版物和别的消息来源中搜集，使目前尚不完整的全世界岩画的概况逐渐圆满起来。世界岩画研究的一般评估和每个大陆的情况，我们将在后面的章节中叙述。

岩画研究的新浪潮，在非洲和南美表现得特别强烈。同时，在亚洲、澳大利亚、欧洲和北美，人们也可以注意到那种始终一贯的增长势头。

报告书被不断地收到，可以肯定地说，在不久的将来，这些不断增加的报告将变得更可靠。尤其是仍然还有许多研究者我们还没有和他们联系，同时也还没有得到有些学者的答复，但就已经收到的报告来看，我们可以认识到当前全世界的岩画研究领域，已取得了广泛的成果。

四　岩画的评估

（一）历史的重建

地球上晚期智人的出现标志着一个新人种的出现。他们是能够通过发出的声音，也就是我们所谓的语言，相互联系而聚集在一起的人群。这类人种散布遍及全球，我们都是这类人种的子孙。早期的发声、手姿以及别的联络表意方法，无论口头的或可见的都没有保留下来，但是图像的信息，却一直流传到现代。当某些艺术品在早期的考古学地点出土，大量的史前人类创造性的表现，以岩画的形式保存下来，对它的研究和评估，提供了持续 4 万年之久的人类精神生活。岩画是唯一的资料，使我们能深刻地窥察出早期人类之心灵和情感的内部世界，揭露出人类的想象和观念的历程。全世界岩画所展示的主题和形象的一致性，证明了人类的智力有着共通的来源。

在许多曾有人类居住的地区，大量集中的岩画提供了对早期人类历史新的认识。从旧石器时代的狩猎采集者到现代的采集、渔猎、游牧社会，从搜集这些创造性的记录中得到的信息，使我们获得大量有关亚洲、非洲、美洲、欧洲和大洋洲许多国家遥远过去的历史资料。

因为岩画产生于文字之前，它成为早期人类表现他们自己和他们对世界看法的最重要证据。同时，最古老的书写文字产生只有 5000 多年，而岩画在此之前，提供了人类数千年前的记录。可是，岩画作为一种文化的、社会的、历史的知识源泉，这种人类创造力的表现。它的价值在世界大部分地区，曾被严重地忽略掉了。由于各种原因，个别地区学者的成果未被世界其他地区有效地利用。为建立一个更加协作的和易于接受的论坛，全世界的研究者们，以国际团体的方式共享岩画研究的成果是非常重要的。

岩画研究的发展，或多或少和社会文化的进展所达到的技术水平相联系，新的发明和革新成为后来每进一步的基础。新经验积累的结果，推动随之而来的进步。虽然这种合乎逻辑的发展同样存在于各种文化艺术之中，但这里仍存在着问题。当代文化的标准和观念，影响着对原始艺术创造力的评估和欣赏。从个人到个人，从一种文化到另一种文化。美学观念的改变，风格和趣味的转换，我们要认识到这种变化的关系。当岩画的风格被描述为写实的、叙述的、抽象的和象征的时候，这种术语反映了我们自己的理解程度和文化标准。这种标准是复杂的、辩证的和带有个人成分的。

艺术家并不表现所有他看到和知道的东西，而是有着明确的选择。题材的不同符合时代的更替。它们总是经常地被限制在各自的时代之内。某种描写对象的频繁出现和大量集中，使我们有可能去建立起一个初步的体系。题材的整个范围，往往清楚地与特定的文化与部落的模式相一致，又往往要运用某种特定方法去画、描、刻。同时，题材和风格往往也总是反映出创作者深刻的动机。

岩画可以帮助我们确定某种特定文化样式。当聚集在一起的岩画能按时代顺序排列起来时，每一种各代表一个文化序列中的不同时期，可以通过题材的综合，岩画就能揭示出人类生活的许多方面。例如，对于狩猎动物种类和所采集食物种类的描绘，告诉我们很多有关人类生存的制度。对武器工具和其他物件的描绘，揭示了它的技术水平。神话和信仰的图像又把我们带回到遥远的过去，它们反映出远古人们思想意识的本质面貌，同时还揭示了人类对自然和"超自然"之间的相互关系。

比较研究可以帮助我们去鉴别全世界相似的社会类型，例如狩猎社会类型。全世界的岩画都趋向于以特定的风格去描绘动物，运用大致相同的象征性形象。不同地区的游牧社会，有普遍的样式化特征，表现的中心是所饲养的动物、渔人或牧人的艺术，即使他们相距甚远，也可显示出相似的风格特点。无疑，同样的生活方式，能同样地影响着那些有着相同活动背景的人们，其结果在风格上就会出现相似的倾向，所以看起来，风格样式和题材内容标志着智力的特定水平，根据这些使我们能够查明文化的某一个发展阶段。这样看来，我们可以用非常普通的方法去解析风格的意义。当然，每个形象的细节，仍然可能揭示出更多的有关艺术家个人的心理状态、动机和他所全神贯注的事物。岩画的研究，可能在不远的将来，在重建人类的历史和某一原始民族的历史和文化样式等方面，会发生非常巨大的影响。现在这种研究正处于一个开始阶段，在今后的数年之内，可以预料到会有一个很快的发展。

（二）世界的分布

今天看起来，艺术在日常生活中是扮演着一个逐渐变得并不重要的角色。在早期人类的日常生活里，则明显地表现出艺术是一个不可缺少的方面。在世界的每一地方，分散居住在各地的人群，各自绘画和雕刻着岩画，岩石被人们作为最早的画布使用着。

正如上面曾提到过的，岩画的主要集中点都或多或少地在有人居住过的地方被发现。我们可从南非开始调查，根据目前的报告那里有世界上最大的岩画集中点。这些主要的集中点在安哥拉、博茨瓦纳、肯尼亚、莱索托、马拉维、莫桑比克、纳米比亚、南非、坦桑尼亚、乌干达、赞比亚和津巴布韦。北非的主要集中点位于阿尔及利亚、乍得、埃及、埃塞俄比亚（图9）、利比亚和苏丹。

亚洲的主要集中点，位于近东著名的有伊朗、以色列、约旦、阿曼、苏丹阿拉伯、西奈（埃及）和安纳托利亚（土耳其）；在中亚和远东的有阿富汗斯坦、印度、蒙古、巴基斯坦和苏联的一些加盟共和国。

北美的主要集中点是加拿大和美国。在拉丁美洲，著名的集中点有阿根廷、玻利维亚、巴西、智利、哥伦比亚、厄瓜多尔、危地马拉、墨西哥、秘鲁、多米尼加和委内瑞拉。

在欧洲，岩画主要集中点在奥地利、保加利亚、丹麦、芬兰、法国、爱尔兰、意大利、挪威、葡萄牙、西班牙、瑞典、瑞士、联合王国和苏联。

在大洋洲，主要的集中点在澳大利亚，包括塔斯马尼亚州，别的还发现在复活节岛（智利）、夏威夷（美国）、新几内亚、新西兰和所罗门群岛。

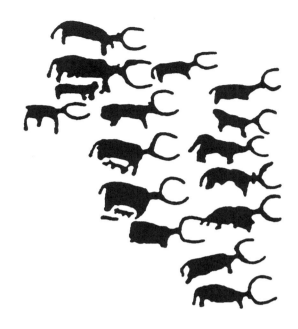

图 9 埃塞俄比亚阿迪卡雷希畜牧者的岩画

当时，牧人倾向于表现成群结队的家畜。

最近的研究表明，各大洲的岩画起源，比前几年所想象的要早得多。在非洲，最早艺术的断代，至今为止，是纳米比亚的阿波罗Ⅱ洞穴，由温得特（Wendt）断定，那里画有动物的石块是在中石器时代的考古学地层发现的，经三次^{14}C，分别为距今 2.84 万年、2.67 万年和 2.63 万年。在坦桑尼亚，最早的岩画是在康达阿和辛吉达地区，比纳米比亚的更早，但至今未有经^{14}C 测验的可靠报告。早期狩猎者岩画的一系列不同风格（1981 年教科文组织会议曾予著录），看起来要早于任何一个迄今曾经断代的岩画，在后面一章里我们还会谈到它，有可能远远超过 4 万年。在北非，迄今为止有关岩画起源最早的可靠断代比南非要晚得多。在利比亚的阿卡库斯山脉的早期狩猎者艺术可以归结到更新世晚期，据库里的研究，距今约 1.2 万年。相似风格的岩画群在阿尔及利亚的塔西里和乍得的伊纳地都有。

在近东，岩画年代最早的线索是在中央阿拉伯的达沙米·韦尔斯（Dahthami Wells）发现的，在公元前 1.4 万 ~ 1 万年之间，属于更新世时期。在中亚和远东，到目前为止，材料比别的地方要少得多，发现的一些可以移动的艺术品，曾被断代为约公元前 1.8 万年。用比较的方法，奥克拉德尼科夫对中西伯利亚的各个地区的岩画地点进行研究，认为可断代于更新世时期。

在印度中央邦的皮摩波特卡，经维塔克查明有一系列石器时代的岩画，并断定为更新世时期的作品（图 10）。同时在同一地区发现的装饰过的鸵鸟蛋壳，经 [14]C 测验，断定为距今 2.5 万年前。这可能构成印度岩画起源的一个近似年代，也可能包括苏联西伯利亚的某些部分岩画起源的一个近似年代。因此，这个遗址包含着目前发现于亚洲的最早的年代。

在欧洲，洞穴岩画的最早的证据可以归结到奥瑞纳时期，约在距今 3.3 万 ~2.5 万年之前。某些涂写符号曾被归到马格德林时期，认为是文字书写的原型样本。这个假设是有争论的，但是它可以证明，欧洲最早的涂写符号可以早到距今 4 万年之前。到现在为止，非具象性的形

图 10 《猎首归来》

印度，中央邦，这里有非常丰富的岩画遗存。马哈德奥山白色的岩画，两个猎人，带着他们的战利品，受到了一个长着鹰钩鼻女人兴高采烈的欢迎，属于复合经济族群的作品。

象，曾被证明存在于那个时期。

　　到目前为止，在美洲最早的艺术来自南美。在巴西的皮奥伊州与岩画艺术相联结的地层，包括绘图的岩面部分，经^{14}C测验，断代为距今约1.7万年前。在阿根廷的南端，圣克鲁斯省的里奥彼邱经^{14}C测定的年代，可以把它放在距今1.2万年前的早期岩画群之中。到目前为止，北美和中美的岩画还没有这样早的年代。从风格上看，墨西哥加利福尼亚州的巴雅和美国的加利福尼亚州和华盛顿州的早期狩猎者的岩画群，可能会有与它差不多早的年代。

　　在澳大利亚和大洋洲，目前为止岩画艺术最早的证据是靠近南澳大利亚的西南边界阿德莱德的科纳尔达洞穴的涂写符号，^{14}C测定年代为距今约2万年。

　　综上所述，到目前为止岩画的最早年代，其可靠性只是简略的大概的。看起来我们现在知道许多最早的岩画在西欧和南非。或多或少发生于相同的时期，即距今4万~3万年之间。在亚洲和大洋洲，这两个大陆在距今2万年前已出现了岩画。而拉丁美洲，在距今1.7万年前也有岩画的证据，然而将来的研究有可能证明美洲大陆出现岩画的年代还要更早些（图11）。

　　总体来说，岩画是晚期智人的特征，它形成了人类文化的重要因素。

图11　《几何形体》　美国加利福尼亚印第安人崖壁画

（三）岩画生态学的研究

到目前为止，已查明 148 个岩画的主要地区，绝大部分位于如今沙漠和半沙漠地带。我们可以确定这些地区是在当前生态学形势的外围圈或隔离圈。这种情况以普遍的形式在世界各地出现，从中部阿拉伯的达沙米·韦尔斯，到北冰洋挪威的特罗姆瑟；从利比亚撒哈拉的阿卡库斯，到南澳大利亚的帕纳拉米提山；从南非的卡拉哈里沙漠到墨西哥的巴雅·加利福尼亚的圣伊纳泽奥；从意大利的阿尔卑斯山的梵尔卡莫尼卡到西伯利亚的中叶尼塞河；从阿根廷的巴塔哥尼亚高原的丘布特河，到以色列内盖夫沙漠的哈韦科姆。另一方面，到目前为止，可靠的资料还表明，在今天的热带森林地带则没有岩画的稠密区。在巴西的亚马孙平原、刚果、别的中西非的国家、南亚，我们都很少发现岩画。

欧洲旧石器时代洞穴岩画的集中地都位于面向大西洋的死港。在法兰克—坎塔布里亚地区，事实上，人们的迁徙活动似乎比东欧巴尔干或地中海地区要少。地中海地区后来成为文明的繁荣地。在澳大利亚也重复这些现象，虽然人类是从北面来到这个大陆的，并在向南延伸之前居住在北部，而最早的岩画却发现于南部，面向南大洋的死港，在库纳尔达洞穴内。

在非洲，最早的艺术集中地再一次出现在坦桑尼亚和利比亚，那正是更新世后期人类活动的边缘地带。同样的地方还有南巴塔哥尼亚高原的里奥·彼邱阿斯，或墨西哥加利福尼亚的巴雅半岛。这种重复出现的生态学和地形学上的早期岩画的环境，仍然是一个谜。然而，人类带着产生艺术的智力和技能到达这些地区，并发现这些地区的环境特别有利于艺术的创造。

五　区域性的分布

（一）不同的评估

从这个地区到那个地区，学者们揭示出来的东西往往不同，对岩画地点了解的程度也不同。这不仅因为缺乏足够的训练，同时也由于资料的搜集工作阻碍与他人共享情报的可能。在互相沟通知识方面依然存在着不同的意愿，存在着专业者的特性、地位和方法等方面的问题。经常地有许多人想保守他们的"秘密"，这种方式可能也反映了当地的习惯。当某些地区渴望去联络消息和从别的地区得到情报，而世界别的地区对共享他们的世袭的文化遗产和学习别处发现的东西，却仍然保持着沉默。更有甚者，有些研究者把他们的兴趣集中在当地局部性的细节上，而漠视基本的联系。这种基本联系的比较研究是必需的。

当我们打算编辑世界性岩画的时候，出现另一个问题，所收到的情报表明，不同的地区有不同的评估方法。比如说有些资料，某位研究者认为是重要的，对另一位研究者可能并非如此。对某一个人来说，一个地点最重要的方面可能是它的纪念性，对另一个人来说是年代，对第三者则是发现的数量或它们的可见度，或对当地文化和历史的影响。为了有一个完整的岩画分布的世界观念，则依赖于一个更大范围内的一手资料，和对某一地点的直接调查。上面提到的有些地区尚未被作者所访问过。所以现在的报告绝不是确定的，它只勾画出世界少数主要地区岩画编年学序列的粗线条，只为了理解区域性的序列提供必要实例。

将来，可以考虑每年集中兴趣于不同的地理区域，这样至少对某些地区能够加以充分的研究。这样做，既可以鼓励当地的研究者和更多的人合作，同时也可以向世界论坛提供基本的信息和对区域性的问题能得到更加深刻的了解。

（二）非洲

自从岩画被人们所关心以来，非洲大陆的岩画或许可以分为两个主要区域。大体上分别是北部与南部。在南部，主要的集中地沿着雷夫特山谷的地理区域，从肯尼亚和坦桑尼亚，走向南非的约翰内斯堡，在这一带发现岩画主要地点的有赞比亚、津巴布韦、莫桑比克、纳米比亚、博茨瓦纳、南非和莱索托。刚果的加丹加高原的马拉维和安哥拉的南部都已有岩画地点的初步报告，这些报告可以被认为是很重要的成果。

在北非，大多数重要的集中点都位于中部撒哈拉地区，某些已经很著名并公开发表过的地区，如阿尔及利亚的塔西里（图12）、利比亚的费赞和阿卡库斯。此外，同样很重要的还有乍得的提贝斯提高原和伊纳地，在尼日尔的泰内雷沙漠以及马里的阿特拉山脉，也有过充分的勘查。其他重要地点发现在摩洛哥和阿尔及利亚的阿特拉斯山脉，沿着尼罗河峡谷。在埃及、苏丹和加那利群岛。

图12 《战斗》 非洲撒哈拉沙漠塔西里岩画

自从南部非洲的岩画引起注意之后，有四组反映四个主要的历史时代的岩画群，必须加以区分。从最早到晚近的岩画说明着人类的实践历程：① 早期捕猎巨大动物的狩猎者，他们还不知道使用弓；② 狩猎的发展和弓箭的使用；③ 牧人的岩画；④ 混合经济。

岩画反映一种"混合经济"，经过初步的考察，这些岩画是与说班图语的人群相联系。它广泛地散布在非洲的东南部，包括肯尼亚、坦桑尼亚、乌干达、莫桑比克、马拉维、赞比亚和津巴布韦等广大地区。大多数这些地点的岩画表现出和早期的实践、和祖先的崇拜联系着。它们主要使用白色，包括公式化的图样，大多数涉及过去的2000年。

"牧人的岩画" 主要地集中在肯尼亚和坦桑尼亚，别的国家也有零星存在。家养的牛群，有些长着峰瘤，是主要的描写题材，黑、白和棕是典型的色彩。虽然牧人岩画的最早时期是比较古老的，这些艺术的大多数在编年学上是和混合经济的早期阶段相平行，某些作品可能始于公元前第 2 个千纪。另一批当地风格的作品，也被断定为是在公元前 2 千纪时出现的，看起来似乎说明另一种不同的生活样式。

"后期猎人艺术"包括神话、狩猎和别的日常活动的景象，出现大量有趣的描写。风格化的和精力充沛的人物形象带着弓箭。这种形象分布最为广阔，在津巴布韦、南非和莱索托描绘得特别好。津巴布韦的马托颇斯山和莱索托的德拉肯斯堡山脉和纳塔尔，各自有着确实超过 20 万个属于这种风格的形象。全部数字估计要超过 200 万之多。这种构思杰出、文雅而又和谐的岩画群是用多色描绘的，使岩画艺术达到了一个创造性的高峰。岩画的这种风格的起源，可能归结到 1 万年之前。这是指新近从开普（南非）墓葬洞穴里发掘出来的画过的小石块。这种风格在某些地区一直被桑布须曼人部落运用着，延续到 20 世纪。

"早期狩猎岩画"的最早阶段，经常部分地被后来的图形所覆盖。不幸得很，有时也因为褪色而难以辨认，它们通常是被忽略掉了。早期狩猎者——采集者的艺术画得很好。对它们作过透彻研究的地区是在坦桑尼亚的中央高地，在科多阿和辛吉达。1981 年教科文组织的一个会议，使我们有机会去鉴定风格互相覆盖的、连续不断的一系列作品。那里的确有着至今世界上已知的最早岩画的例子。早期狩猎者风格岩画，主要包括大量的动物形象，和重复出现的有限的象征性符号；至少有个风格化的阶段已被查明、后期阶段中的一种，显示出与前面提到过的纳米比亚阿波罗 II 洞穴的石块上的岩画有相同的描绘。这石块上的描绘被 ^{14}C 测验，推断为距今 2.8 万～2.6 万年前。某些岩画地点的地层和有关的物质文化已被发掘，排出序列。概括了所有的旧石器时代晚期和部分的中石器时代，时间的延伸幅度超过 4 万年。

索马里和埃塞俄比亚已揭示出到目前为止最多的"牧人的岩画"。只有埃塞俄比亚的一个地点帕克·埃彼克例外，那里可能包括狩猎者晚期的某些图形。这个地区明显地在风格上和概念上和苏丹有联系，同样也联系着南部阿拉伯。这里表现出来的是一个过渡地带，有着小小的风格"自治区"和目前已知的地点也是有关联的。然而，这区域是一个巨大的未开发区域，将来的研究可能会修改这个观点。

在北非，如前所述最重要的岩画地点都位于中部撒哈拉山区（图13），属于乍得、利比亚、尼日尔和阿尔及利亚的领土。这里最早的岩画，表现出"早期狩猎者"的最后阶段，更新世的后期，距今约1.2万年前。岩画由巨大动物的岩刻组成，大象、长颈鹿和野牛大量地被描绘在这些目前是沙漠的地区。随后，有一个大面积的扩散和极其特殊的风貌。这就是某些研究者称为"圆头人"的，因为这种特殊的面貌有着神人同形的性质。大多数这种形象都被画成单色或多色，但在色彩上有很大的差别，这说明当时人们创造了大量的神话。他们主要地依赖一种采集经济，居住在一种"地上天国"里。当时中央的撒哈拉山高原，必定是非常富饶的果园，有着许多湖泊和森林，以及热带森林中所特有的植物。

图 13　非洲撒哈拉沙漠岩画

在这种文化水准上的人群，经过了五六千年的生存之后，持续到大约距今8000年前，最早的畜牧人群，带着家养的牛群来到这个地区。大约有4000年的时间，中央撒哈拉是半游牧的畜牧人群的土地，他们来自别的地方，创造一种非常高级的岩画，有画的，也有刻的，主要的特点是描绘巨大的牛群和有关社会、家庭生活的细节。

公元前第2千纪所看到的改变，是马匹被介绍进来了。"马匹时期"的岩画反映进一步发展的贸易和战争。稍后，骆驼和游牧人群一起到达。他们的后裔可能一直到现在仍然生活在这个地区。岩画揭示了在撒哈拉地区生态学上发生的激烈变化，和人类生活上发生的激烈变化。这个地区的人口有着不同的传统和来源，相互继续着，一代复一代。

（三）亚洲

根据世界岩画编目的意图，亚洲被划分为两个大、小极不相等的区域。一个是从博斯普鲁斯到兴都库什山脉，大约相当于近东；另一个，面积要大得多，包括其余的亚洲地区、中亚、西伯利亚和远东。

在近东，岩画广泛分布在阿拉伯半岛、西奈（埃及）、内盖夫沙漠（以色列）、约旦和安纳托利亚（土耳其）。在叙利亚、伊拉克、伊朗和阿富汗，也有着分散的却重要的集中点。到目前为止，发现最完整的序列在中央阿拉伯。一份由莱克曼斯—里并斯—菲尔贝探险队搜集的研究文件，使我们能够认识到超过 35 个连续的岩刻风格，可以形成四组根据年代排列的主要岩画群：①"早期狩猎者"；②"狩猎—畜牧"；③"文字的"；④"伊斯兰的"。伊斯兰风格始于公元第 7~8 世纪赫格拉之后，是一种图案化的形象，有着大量的部落符号和阿拉伯铭文。"文字时期"的生活方式是基于贸易和田园风味的，形象都伴有各种塞姆族的文字。柴姆特、里赫尼特和桑贝的铭文，均为这些部落所作，历经公元前第 1 千纪的大部分时间。岩画描绘狩猎的、畜牧的和仪式的场面，还包括有家养的骆驼和山羊的形象。在公元前第 1 千纪的后半叶，这种风格有进一步的发展，出现阿拉伯纳伯里安和希腊的影响。在公元后第 1 千纪的前半叶，明显风格化的作品是来自罗马、拜占庭。家养马匹的出现是这个时期明确的标志。

"狩猎—畜牧"时期至少持续了 4 个千纪，一直到公元前第 2 千纪，骆驼被介绍过来作为家养动物时，这个时期才结束。"狩猎—畜牧"时期是阿拉伯历史上最为复杂多变的时代。它的范围自公元前第 6~第 2 千纪，从岩画上可看出是非常丰富的一系列文化阶段。这时期的岩画是由许多少数民族人群创造出来的，具有广阔的多样性，证明当时居民有着不同的种族和文化背景，有时显示出和米索布达米亚、叙利亚、巴勒斯坦、埃及和埃塞俄比亚有关系。家养的牛是岩画的主要题材之一，其次是山羊和绵羊，只是到了这个时期的末叶才描绘骆驼。许多岩画群描写着狩猎情景、田园风味和日常活动。宗教礼拜和神话题材也经常被描绘着，反映出"狩猎—畜牧"时期的人们有着一种非常丰富的精神生活（图14）。

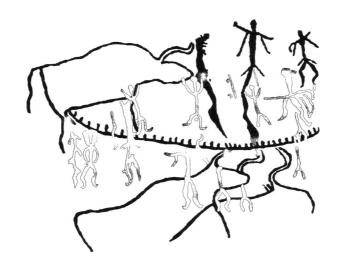

图 14　阿塞拜疆岩画

因为"早期狩猎者"是最早的时期，反映出一种狩猎—采集者的生活方式。他们主要依赖大角羊和野牛作为食物的来源。动物和风格化的神人同形的形象，是这个时期普遍的东西。偶然也表现少数大象和河马。曾有过这样的假设，已知阿拉伯半岛最早的岩画，可能要推算到距今约1.4万年前，但是到目前为止，这个年代判断的唯一依据，是岩画形象中反映出一种更新世型的植物。

在内盖夫和西奈另一种重要的序列已经查明，七个主要的风格时期已明确起来，分别为①早期狩猎者；②写实主义的精力充沛的狩猎者；③狩猎者和畜牧者；④畜牧者—商人；⑤罗马—拜占庭；⑥早期伊斯兰；⑦当今。这个序列与阿拉伯的相比较，少有不同，看起来包括近1万年的时间，直至现在。

中亚和远东可能也可以划分为两组，一个是在印度，另一个是在苏联的中亚、西伯利亚和蒙古。现在还有少量可靠的情报来自远东国家。上面所说的两组岩画，尽管确实存在着风格上的差别，却表现为互相平行的发展，和近东的非常相似。中亚和远东也始于"早期狩猎者"的岩画，并可以有把握地归因于更新世时期，在距今 1.2 万年之前。接着的是"狩猎和畜牧的人群"，最后期则是一种"复杂的混合经济"的艺术表现。十分确定的岩画集中点，发现在印度次大陆、苏联和蒙古的领土，有些地区，虽然还没有可靠详细的报告，据初步的了解，可能范围很大，形象数量很多。

在印度，目前所知的最大的岩画地点是皮摩波特卡。在中央邦，离博帕尔不远的地方，那里在数平方公里之内包含有 1000 个以上的装饰过的岩石遮蔽处和洞穴。皮摩波特卡是重要的，有约 20 个不同风格的特别序列，包括旧石器时代后期、中石器时代和铜器时期。后来的宗教景象和神话图像说明着印度教和佛教的传播及其早期的发展。超过 20000 年的印度历史，都被描绘在这些洞穴的岩面上。对装饰过的岩石遮蔽处的发掘，发现有装饰过的鸵鸟蛋壳。这个艺术品的地层，经 ^{14}C 测验，年代始于距今 25000 年前。

在苏联，到目前为止，已知的集中点主要散布在沿河谷的地带，在黑龙江和乌苏里东南边界和中国接壤的地方，在乞鸟卡托卡、勒那山谷、叶尼塞和安加拉，沿着贝加尔湖，在鄂毕河上游、哈萨克斯坦、乌兹别克斯坦、塔吉克斯坦、乌拉尔山区都有大量的岩画遗址。

乌拉尔南端的卡波瓦亚洞穴，是到目前为止已知的亚洲唯一有法兰克—坎塔布利亚风格的旧石器时代的绘画。沿着勒那河、叶尼塞河和安加拉河，最早期的露天岩刻遗址，曾被归为更新世时期，距今 12000 年之前，它们有着不同于法兰克—坎塔布利亚的风格，预示着后来在该地区岩画群发展的趋势。

在西伯利亚这些峡谷中，一个具有完整风格的和编年的岩画序列正被精心制作着。无论如何，狩猎部落的艺术似乎持续到非常晚的时候，可能直到黑龙江和乌苏里人群已经发展了农业经济样式之后。有一种复杂的神话世界，反映在公元前第5千纪的岩画之中。哈萨克斯坦已发现一种观念极其不同的岩画，所雕刻的主要是想象的人类和太阳崇拜的景象，似乎在公元前第3千纪的时候，达到了创造性高峰（图15）。

图15 《太阳神》 哈萨克斯坦岩画

晚期进化猎人的岩石雕刻。一个有尾的拟人化的人物，旁边有无尾的动物，这很可能是他的表意文字，表明自己的身份。拟人化有猫头鹰的"眼睛"。在脸上有两层圆形和周围无数的点，好像有一些想法或意识从这里迸发出来。

苏联的几个加盟共和国和蒙古（图16），大量的岩画地点保留着这种传统的方法，可以归于"文字时期"和"中世纪时代"，表现了旅行队、贸易、战争、各种宗教的崇拜，包括佛教、基督教、伊斯兰教等都被广泛地描绘着。

有趣的是除印度与苏联之外，别的远东国家只有极少数的岩画情报。关于在巴基斯坦、朝鲜、香港、印度尼西亚帝汶岛和斯里兰卡的史前岩画，只有零星的和片段的资料是可靠的。到目前为止，日本、菲律宾、缅甸、泰国、柬埔寨、老挝、越南还没有可靠的资料。来自中国和

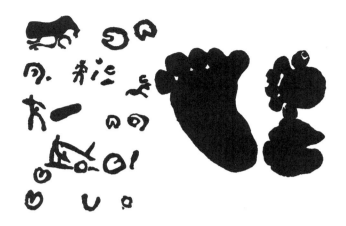

图 16 《脚印与蹄印》 蒙古国德勒格尔—穆连和特斯河谷岩画

尼泊尔以及缅甸的报告，主要是有关佛教和后期佛教的遗址，虽然不能肯定史前岩画的主要集中点并不在这些土地上。

（四）欧洲

在欧洲，岩画的序列惯常地划分为两个按年代编排的序列，最早的时期众所周知，如法兰克—坎塔布利亚是"狩猎者"的艺术，后来时代包括由"混合经济"人们产生的艺术。这种风格的划分在欧洲体现得比别处更为严格。

"狩猎者"的艺术主要发现在洞穴中，它的起源最早可以推算到距今 3 万年前，主要集中点是在法国西南部和西班牙北部的法兰克—坎塔布利亚地区。此外，法国和西班牙别的地方也有，还有意大利、罗马尼亚、葡萄牙，东边远至苏联乌拉尔的卡波瓦亚洞穴。在欧洲已知大约 150 个旧石器时代的有岩画的洞穴和岩石遮蔽处，其中近 100 个在法国，约 30 个在西班牙。在所有这些地点都确实存在着绘画或是线刻。岩画的题材主要是由动物和象征性的符号所构成。发展的高峰阶段被鉴定为马格德林时期（距今 16000～10000 年前）。彩色画的技巧是非常精彩的。

在 20 世纪，欧洲的旧石器时代的洞穴艺术，已被研究得十分透彻，远比世界其他地区的许多岩画群更为知名，也有更多的著作发表。今天世界上大约有一半的岩画专家，集中主要精力从事欧洲岩画群的研究。这些岩画，事实上已成为西方文化的一个组成要素。无疑地，这些岩画对认识欧洲文明确确实实地提供了极其宝贵的资料。一些法兰克—坎塔布利亚艺术的杰作，显示出一种和谐的、精炼的景象。然而，从一个世界的观点来看，必须认识到与法兰克—坎塔布利亚同时代的别的主要的岩画群，都可以对世界历史和原始人类早期智能的了解，提供同样的有价值的贡献。

"后期狩猎者和采集者"的岩画，在西地中海区域，具有图样化的倾向，包含着许多象征性的形象。岩画的年代，被查明为旧石器时代的晚期、旧石器之末中石器之初的时代和中石器时代。那些当地的风格表现为线、点的涂绘样式和别的符号，似乎标示着一种数学的价值。这阶段的岩画大约为距今 1.1 万 ~ 8000 年之间，它包括在意大利的所谓罗马利安岩画，西班牙和法国南部的所谓科西纳风格岩刻。同样的形象顺着地中海沿岸，在土耳其、以色列、摩洛哥和阿尔及利亚都曾发现过。这些艺术的范围，联系着实际的生活地区和当时的物质文化，依据考古学证据的比较，也可以得出明确的断代。在斯堪的纳维亚国家的"后狩猎者"、挪威北部特罗姆瑟省遗留下来的露天岩刻，一直延伸到北极圈（图 17）。

第二序列是"混合经济"人群生活的时代，看起来在法兰克—坎塔布利亚的后期就已经出现。岩画是以露天的岩刻为特征的，广泛地散布在大多数欧洲国家，如葡萄牙、西班牙、法国、爱尔兰、苏格兰、保加利亚、瑞士、意大利、奥地利、南斯拉夫和希腊。最早的阶段被定为旧石器时代之末与中石器时代之初，反映出法兰克—坎塔布利亚区域题材的残留，而又表现出一种衰落中的旧石器时代风格。它组成一种岩刻风格早期的序列。在西班牙的加利西亚、意大利的梵尔卡莫尼卡、奥地利的托特斯、盖伯克和西班牙黎凡特等地区发现，家畜的起源和初期的农业。在这些地区随后一个时期的岩画中都有所记录，同时人类成为主要的描写对象。这种带有明确的地方特点的风格，可能是在地中海欧洲

图 17   《雪地猎熊》   挪威极北地区阿尔塔岩刻

国家和北欧国家，平行地发展起来的。后来，几乎欧洲的每一处岩画，因罗马帝国的到来而泯灭了，然而，在某些地区这种传统到中世纪依然存在或又重新出现了。

在欧洲，史前岩画艺术的主要集中点在伊比利亚半岛（西班牙和葡萄牙）、法国南部、亚平宁山脉（包括法国、瑞士、意大利和奥地利）、意大利南部、斯堪的纳维亚诸国（瑞典、挪威、丹麦和芬兰）和在苏联卡累利亚。最近，又从南斯拉夫、保加利亚、阿尔巴尼亚和希腊的岩画地点得到确实的报告。

特殊的情况，如在保加利亚的皮洛格技艺克附近的马哥拉洞穴、意大利的莱斯附近的巴特斯克洞穴。这些旧石器时代和青铜时代的圣所洞穴，有着大量表达当时人类的世界观和宗教性质的图画。时代约自公元前第 5～4 千纪，现在已被发掘出来了。这种画着岩画的圣所洞穴，有旧石器时代的特征，以后的时代里是非常稀有的。在苏联的欧洲部分，主要岩画地点已被记录的有卡累利亚、奥涅加湖、拉多加湖的岸边、白海沿岸、伏尔加河谷，同样的，在乔尔乔亚、阿尔巴尼亚、堪卡修斯的阿桑巴加安、里海的西南岸附近的哥勃斯坦，有一系列特别的风格，经过特加发沙特的研究，已揭示出来的年代，从公元前第 8 千纪，几乎不间断地一直延伸到中世纪时期。这一旧石器时代之后的岩画序列，在欧洲到目前为止，仅有意大利的梵尔卡莫尼卡可以与之相提并论。

梵尔卡莫尼卡岩画不管在数量、年代还是风格延伸的范围上，都是现时欧洲岩画中最丰富的。到目前为止，20 万个以上的形象已被记录下来，六个主要风格的系列延伸了约 1 万年的时间，覆盖着整个全新世的年代。这个山谷提供了一个完整的风格的序列，自最早的狩猎者部族，他们在冰河时代的冰川溶化之后，立即到达亚平宁地区，直到罗马帝国的来临及其稍后，一直到中世纪还有某些残存。这个序列开始于最初的前卡莫尼风格，属于旧石器时代的末期和中石器时代的开始时代。梵尔卡莫尼卡风格的 I 和 II 期是新石器时代，归结到公元前第 6 ~ 第 4 千纪。风格III—A，是青铜或黄铜的时代，包括公元前第 3 千纪，风格III—B ~ D，正当青铜时代，包括公元前第 2 千纪，风格 IV 始于青铜时代末继续存在于整个铁器时代（前第 1 千纪）。最后，卡莫尼后期风格的延伸，从罗马时代至中世纪（图 18）。

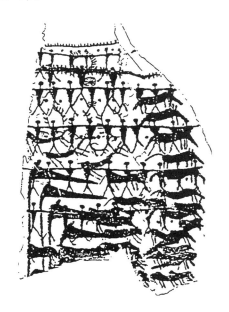

图 18　意大利梵尔卡莫尼卡岩画

（五）大洋洲

在大洋洲，很多重要的岩画集中点是在澳大利亚，而较少的岩画点，现已查明的则遍及太平洋和东边至复活节岛的广大地区。有些例子可以说明，岩画这个传统，当第一批人口到达这些岛屿之后就出现了。在澳大利亚，正如上面已提到的，在科纳尔达洞穴最早的图像符号，古老的程度超过了 20000 年。约克角半岛的拉拉和澳大利亚南部的巴拿拉米提山，那些复杂而又修饰颇多的岩画群，可能已有 14000 年或许更早一些。1982 年在拉拉经 ^{14}C 测定，肯定了这个早期的年代。同样，对覆盖岩刻的地层经 ^{14}C 测定，也产生一些断代的实例。从距今约 13200 至距今 15450 年和 1500 年。在澳大利亚、新几内亚、俾斯麦群岛和帝汶岛的岩画作品，一直到前一代仍在继续产生，使人类学家们有可能去记录这种风格的上下文延续，即把近代的岩画和古代的岩画联系起来。

在太平洋许多地区的岩画最近被记录下来，主要在夏威夷群岛和复活节岛，同样的，也在新西兰群岛新几内亚南部。到目前为止，已知最主要的太平洋地区的岩画集中点，除澳大利亚之外，有夏威夷的岩刻，新西兰的一些洞穴、岩石遮蔽处和露天的岩画点，那里有保存得很好的精心制作的绘画和线刻，是几百年前由毛利人部落创作的。在复活节岛线刻得很深的形象和浮雕人物，属于同一时代。这些作品犹如纪念碑式的雕像。

新近在悉尼地区进行广泛的田野考察，包括约克角半岛、阿纳姆高地（图 19）、金伯利高原、丹皮尔地区和南澳大利亚领地，揭示出来澳大利亚岩画的范围，包括几个各有 100 万个以上形象的地区。在塔斯马尼亚州，根据最近的研究，知道创作岩画的风俗可能是被介绍到那里去的，是和澳大利亚大陆接触之后或是从澳大利亚大陆移民的结果。大约距今 1 万年前，当大洋升高之前，塔斯马尼亚肯定是和大陆连接在一起的。塔斯马尼亚人事实上是"早期澳大利亚人"，大约公元前 8000 年才从大陆分离出来。所谓"前澳洲犬"阶段，在距今 8000 年前，已在澳大利亚大陆上发展，可能在塔斯马尼亚保留了更长的时间。

图 19　澳大利亚阿纳姆地岩画点

整个澳大利亚已鉴别出大量的当地风格，但是要追索澳大利亚岩画风格的演变，还是有严重的困难。事实上，澳大利亚岩画的每一风格，可以肯定地归因于狩猎者的社会，当澳大利亚开始与外界发生接触时，土著民族的绝大多数仍然生活于狩猎社会。然而，用很粗的线条，六个主要的阶段可以区别出来。

①"科纳水达洞穴符号风格"。今天主要发现于澳大利亚南部和维多利亚，它是由一种简单的平行线雕刻的符号所组成，其中有些可能有一种数字的意义。如前所述，这种风格被断代为距今约 20000 年前，然而它的持续期究竟有多久，尚未能确定。

②"墨累河样式符号风格"。在一些地点发现的这种风格，从北昆士兰州约克角到南澳大利亚和塔斯马尼亚的墨累河谷。在拉拉，它是和经 ^{14}C 方法测定为距今 13200～15400 年前的考古学地层联系着的。这种风格在塔斯马尼亚的出现，也意味着一个颇早的年代。某种反复出现的样式，诸如马蹄形、长方形、圆圈打点和一系列的平行线，都是其中最普遍的主题，曾被一刻再刻着。

③"帕纳拉米提象征比喻风格"，曾在南澳大利亚、新南威尔士州、昆士兰州和北部领地发现。它仍然属于"前澳洲犬"时期，看起来距今至少有 8000 年了。它由岩刻组成，表现着诸如手印、脚印、动物足迹、圆点（这被认为是卵，有时是用椭圆形圈起来，类似鸟巢），还有好像飞来器（回飞棒）似的图样，图案化的动物形象，以及类人

面的略图等。

④"悉尼一般化的象征风格"。在新南威尔士、维多利亚和昆士兰等地被记录下来。主要集中在东面，似乎延续了一个很长的时间，现在还没有可靠的明确的断代。

在西澳大利亚，靠近丹皮尔，相似的岩刻看起来要晚近得多。这种风格由面积巨大的人类和动物的外轮廓形象所组成。岩画的人像经常成双成对。动物和它们的幼崽或卵表现在一起，具有性爱特征的景象，和神话人物的形象也有普遍的反映。

⑤"拉拉古典象征风格"。在昆士兰、北方领土和西澳大利亚被记录下来，看起来这种风格在北方占有优势。在拉拉揭示出来有20多个发展阶段的一系列绘画风格，有时是样式化的多色画。它们部分重叠在早期墨累河和帕纳拉米提风格的岩刻上。在昆士兰和北方领土发现有被"阿纳姆复杂的象征风格"覆盖的现象。这种风格颇为静止，然而描绘得很美，表现了人类、神灵、动物、手印、符号和别的东西。比任何一种先前的风格都包含更多种多样的题材，出现了一种新鲜的想象，和高度发展的美学感觉。构图看起来，是在一种新的更为复杂的透视之中，这种风格包括绘画与线雕，都有不同的当地样式，在拉拉、阿纳姆、金伯利和丹皮尔等处都有。

⑥"阿纳姆复杂的象征风格"。通常与拉拉古典风格的分布相联系，但是它在阿纳姆和金伯利地区分布得最为稠密，在昆士兰和西澳大利亚则较少集中点。和上面提到的风格一样，当地的式样是可以被区别出来的。它主要是由一种题材的多样性和复杂的描写所组成，还包括神话的和魔术的景象。传说的描绘显示出一种极好的想象和大量的色彩和细节，是在澳大利亚流传较为广泛的、唯一的色彩画风格，而且很多是最复杂的。它仍在某些地区被创造着，有的画在岩石的表面，有的则制作为树皮画（图20）。

上面风格的序列，虽然过于单纯。说明了澳大利亚历史的六个主要阶段，时间超过了2万年。这个大陆最早的艺术是位于南方，那里也是最早开发的地区。在北方，似乎从未到达过中央和南部澳大利亚地区的

图20　《两个施巫术的精灵》　澳大利亚阿纳姆地崖壁画

文化水平。澳大利亚的岩画研究在稳健的基础上发展得很快，对认识这个地区文化的发展带来了很重要的贡献。

（六）美洲

正如上面已经提到的，在美洲到目前为止，年代最早的岩画地点是在巴西和阿根廷。最早的年代在巴西的皮奥伊州，经^{14}C分析，可以达到距今1.7万年前的水平，包含有红赭石涂绘痕迹的断片。在阿根廷南部巴塔哥尼亚高原皮突拉斯河发现的岩画，和断代为距今9300年前的考古学地层联系在一起的，有手印和狩猎等情景的岩画。别的地点在圣克鲁斯省洛斯托达斯洞穴，所包含的绘画（手印和无象征意义的符号），联系着断代于距今11000～8800年前之间的地层。它们和狩猎者文化有关。相似的作品也出现在丘布特河的Alero de los Manos Peritades。北美的岩画尚未作充分的研究，但西海岸各州大约有相似的年代，北美西海岸是美洲大陆主要岩画群集中的地方。

根据目前为止的可靠记录，岩刻似乎更其广泛地分布在北美，崖画则更广泛地散布在拉丁美洲，而加利福尼亚（图21）和新墨西哥则是两种风格同样普遍流传的地区。然而加拿大中部和巴塔哥尼亚高原南

图 21　美国加利福尼亚印第安人岩画

部，既有崖画，也有岩刻。

　　目前，我们要概括美洲风格的发展次序，似乎为时过早，在墨西哥的巴雅·加利福尼亚和阿根廷的巴塔哥尼亚高原记录的当地序列，可能提供有用的线索，使我们对美洲岩画风格的发展，有更其广泛的认识。在北美和拉丁美洲，一种狩猎和采集岩画的早期序列，显示出早期风格，而后期风格包括后期狩猎者、采集者和更多的混合经济的人群。在美洲的某些部分，狩猎者的岩画是唯一典型，而在别的地方，沿着美国西海岸，在不列颠哥伦比亚、墨西哥、秘鲁、巴西、阿根廷部分省份和智利，岩画风格反映出初步的农业，有时也可以发现混合的经济，一种早期的渔人风格在不列颠哥伦比亚被发现。

　　在阿根廷的巴塔哥尼亚高原的丘布特河，曾经有过完整的地层学的分析，四个风格序列属于狩猎—采集文化，包括了 12000 年的时间，许多时代的手印和抽象的符号都被描绘在这里，后期则出现各种各样的人类和动物形象（如骆驼）。

　　在秘鲁和智利北部，岩画的序列以一个纪念碑式的图像达到高潮。那是由在石头上，或斜坡孤立的大圆石上，刻画出的巨大形象所组成。相似"大石头形象"的例子也出现在加拿大中部和美国西部的几个州。

　　亚利桑那的北部，以及智利、秘鲁和玻利维亚等地也都有着丰富的风格序列，有刻的也有画的，尚待充分地研究。但这些却已表露出，有关这个地区的生活样式的演变，和文化发展的大量信息。

一个非常主要的序列，已在墨西哥的巴雅·加利福尼亚查明，这个地区以大量的艺术风格为其特征。历经数个时期，作品经常存在于相同的洞穴和岩石的遮蔽处，这种有突出价值的层次，非常有益于一种精心排出的美洲序列。到目前为止，巴雅·加利福尼亚没有可靠的断代，但风格的继续，标示着岩画的传统有一个相当长久的持续期，既有画的，也有刻的。这个序列始于早期狩猎者时期，结束于西班牙占领之后，已明确四个主要时期，诸如"早期狩猎者""后期狩猎者""渔猎者"和"混合的复杂经济"。

早期狩猎者风格的岩画群以面积巨大的动物形象、手印、象征的符号为特征。后期狩猎者风格，神人同形像是主要的题材，同时神灵和怪兽揭示出一个非常富于想象的世界。渔猎者风格有大量的线雕，再加上许多优美的绘画，画着鱼和海上的怪兽，即使在远离海岸和湖边的地方这些海生动物也都优先地被描绘着。鲸鱼和别的巨大的海生动物，在离海岸有两三天路程的地方，也被画得很普遍。最后的风格是一种混合的复杂经济风格，主要的由象征符号、手印和几何图形组成。同样的主题，可以在陶器上和后来的前殖民地时代的器物上发现。联系着北至美国西南各州的岩画群，表明那个广泛传播的文化样式的特定阶段。

在美国和加拿大，岩画的记录始于20世纪。巨大的集中地点，在西部所有的几个州，从德克萨斯州、亚利桑那州和加利福尼亚州到华盛顿都有报告。在犹他州，发现过丰富多样的序列。同样，在几个中央州都发现意义各有不同的许多地点。调查的地图和叙述是可靠的，只是分析工作和按时代顺序的研究工作，有待进一步的发展。风格的序列尚未清楚地建立起来，编年学的工作仍在进行之中。

在加拿大的不列颠哥伦比亚省（图22），包含有很多非常重要的集中点和极其丰富的岩画群，温哥华岛就是重要的中心之一。岩画地点也零星地在艾伯塔、马尼托巴和安大略发现。不列颠哥伦比亚省可能有某些相当早期的渔猎人群的岩刻，还有晚得多的神话怪物形象、海生动物和想象生物，可能与保留到最近的图腾柱联系在一起。装饰着房子和别的物件。这种风格化时期的一个早期阶段，似乎主要地和苏联远东黑龙

图22 《渔夫们的海怪》 加拿大不列颠哥伦比亚岩画

江、乌苏里地区，有着相同的东西。

美洲的岩画有一种非常丰富的多样性，证明至少是17000年的文化记录，说明着人类智力和想象力的发展。报告广泛地散布着，但尚未有足够消化，某些粗糙的材料有待更为广泛和敏锐的分析。

（七）综说

现在我们纵览世界岩画的概貌，这里主要是根据来自世界各地的研究者的报告，以及卡莫诺史前研究中心所搜集的文件而编辑起来的，绝不能认为是非常完整的。事实上，间接的报告告诉我们，在一些国家里，有大量的和重要的岩画地点，诸如中国、尼泊尔、越南、朝鲜、日本、印度尼西亚、古巴和哥斯达黎加，只是到目前为止，这些地方还没有足够可靠的报告。然而，这个初步的纵览，表明了岩画是世界上史前时代广泛散布的艺术，同时也指明它对包括国际和地方的文化、历史的重建，将会扮演什么样的角色。

六　编目、保护、文化效能

（一）编目和研究

在岩画的编目和研究中，如今面临的主要问题之一，是来自各个地区资料可靠性的不同。为了有利于报告的编辑和知识的传播，我们将发展和坚持一种世界性的术语。一种世界性的记录及综合的方法。把在全世界不同地区进行的研究项目编辑成一个目录，将有益于广大的考古学家，也是对研究早期人类历史的一个新途径的贡献。然而，由于缺乏世界性制度的结果，某些研究者实际上无法对调查地点的位置作精确的记录。再加上图像性文件的缺乏，诸如照片和描图，在交换知识和协作方面，导致上面提到过的许多困难。

（二）保护与修复

在一些国家里，包括阿尔及利亚、阿根廷、澳大利亚、加拿大、埃及、法国、意大利、莱索托、挪威、南非、西班牙、瑞典、坦桑尼亚和津巴布韦等，都由政府或非政府的机构进行着保护和修复的工作。尽管环境不同，生态与气候也不同，在各处都已查明相似的引起毁灭的原因。自然损坏造成的结果有来自地理学、化学、生物化学的原因，同样也有来自植物群产生的原因，然而最多最大的损害是由人所造成的。这可能是无意的，如岩画地点被重新利用，或地区经济的发展，造成了严重的后果。或者，也可能是由于忽视，或无知，或恶意破坏文化艺术的行为所造成的结果。通过教育的方法以及当地的和国际的努力，为保护这个人类普遍的世袭遗产，这种人为的破坏将会、也可能会被制止。在许多国家里，保护是普遍的问题。呼吁是一个解决的办法，要在国际性的水平上苦心经营。为此目的，每一个有岩画的国家，应该发展一系列的保护工作和国际合作的愿望，这是非常重要的。文件的保护和修复也很重要，由探险队或个别研究者和政府机构所制成的记录、照片、描图和地形图，要利用起来作为研究之用。复制对当前的研究和下一代的保存都是有效的。事实上，必须认识到任何一种文件都是容易损坏的。最有效的保存文件的方法是使它出版和传布。从这个观点看，档案室的功能，作为唯一的贮藏材料的地方，必须使之扩大。要把精心搜集的资料出版，使档案室能更加有效地传布情报，并为将来有一种更持久的保存方法作出自己的贡献。

许多国家正在考虑把岩画地点向群众开放。在意大利、瑞典、阿尔及利亚（图23）、加拿大和美国已建立了许多岩画公园。在坦桑尼亚、莱索托、南非、纳米比亚、津巴布韦、苏联、印度和澳大利亚也正在计划这样做。这是有生命力的，然而某些初步的工作必须跟上。研究、编目和严格的形象性文件，以及随之而来的修复和保护，在参观群众到达这些地点之前必须有所安排。不幸的是，这些工作往往没有事先被注意到。没有初步的必要研究，公园就计划向民众开放了。只有通过必要的安排，才能使岩画这种遗产不致被民众所损坏。例如在意大

图23　《猎人的舞蹈》　　阿尔及利亚岩画

进化猎人时期的岩画，节奏和场景使这一幕很容易反应现代欧洲的审美。

利的梵尔卡莫尼卡地点，每年有超过 30 万的参观者。在瑞典的塔努姆、波罕斯浪和在法国阿尔卑斯的贝哥山每年有数万民众去参观岩画。由于部分民众自然而然的好奇心，阻止毁坏岩画的适当规定，必须严格地考虑到。

许多国家计划举办岩画展览会。最近由卡莫诺史前研究中心组织了两个规模宏大的展览会，一个是关于内盖夫和西奈的岩画，在耶路撒冷（以色列）国家博物馆首次展出 3 个月，30 多万观众参观了展览会。第二个展览会是有关卡莫尼的岩画，在意大利的米兰展出，7 个月之内，吸引 100 多万观众。数年前，阿尔及利亚的塔西里岩画展览会在巴黎取得极大的成功。别的展览会也曾在巴黎的霍米博物馆组织和展出。加拿大的维多利亚地方博物馆，阿曼的国家博物馆，还有澳大利亚、利比亚和苏丹也都举办过这样的展览会。在另一些国家里，岩画也在考古学展览会上展出。这些展出在传布情报方面是非常有价值的，并对岩画地点本身不会造成任何损害。交流这种展览和鼓动新的展览，是应该努力去做的。

（三）文化的倡议

这里考虑两个主要的部分：① 专家的训练；② 在广大学校和民众中进行教育。无疑地，如果研究工作对当代的文化没有作出贡献，岩画的研究就没有意义了。允许民众在实际的调查之中得到益处，这样在学者和一般群众之间就会有广泛的共同语言。前面提到过的公园和展览会，再加上电视和广播节目也已由意大利、法国、西班牙的许多博物馆和研究团体录制出来。一些国家和国际性组织（如教科文组织和国际纪念碑和遗址委员会）已出版过许多专著，正在进行这种文化情报的传播工作。

然而，到目前为止仍有许多不足之处，对训练班和研究班的不断要求应该得到满足。首先，专家的训练重点要放在对编目、研究、保护工作和增进群众的认识等最为必需的项目上。专家们应在一个广阔的国际性岩画研究的规模上，了解岩画的断代。因而，由于各国和地区性的组织都准备增进当地的学习班或研究班，则国际性的组织将优先考虑在国际水平上专家的训练。

组织对学校和普通民众的特别课程，尤其是在那些有岩画的地区和破坏严重的地区。公众的意识会鼓舞当地人民共同的情感，这是保护岩画地点最好的办法。

有些国家由于技术和经济上的缺乏未能发展考古公园，小心谨慎的规划是必要的，当提出要求时将给予国际的支援。科学研究的结果，在文化事业方面，必须考虑到每一国家人民的社会心理和精神需要。同时，也要去发展向绝大多数民众宣传岩画的意义的方法。为达到这个目的，可采取的方法是准备巡回展览会、资料片、广播和电视节目，还有出版和传播书刊（图24）。

图24 《伴侣》 阿塞拜疆岩画

男性和女性的象征图案。狩猎者和采集者的岩石雕刻画。"小树"或"树枝"表示男性，而在女人胯骨上的两条平行线或"嘴唇"则表示女性。这可能表示这些古人给性器官所起的名称。男性像身高大约1.1米。

七　结　论

根据这个世界岩画研究的报告，最重要的是不要失掉我们最终的目标。这目的有三：① 通过普遍能接受的方法，得到人类各个文化期可比较研究的材料。② 使调查的成果能服务于现代的文化。③ 保存世界岩画遗产为现在研究之需，同时也供子孙后代享用。

我们已特别强调，研究方法的一致性对国际协作的重要。如果更进一步，以一个世界性的观点指导我们研究的进程，以了解各种世界性的广泛现象，似乎是必需的。为了实现这个目标，这个论题应得进一步的考虑。首先，为了发展和增进世界范围内的岩画研究，我们必须建立一个各学科间的中心资料库。这个中心资料贮藏库既接受，也提供研究者和研究中心所需要的比较性资料。这个中心资料库将包含出版过与未出版过的研究报告和岩画分布地图，还有图像和照片的资料，以及一种标准化的"岩画档案"，包括世界每一个岩画地点的位置和最基本的描述。这种档案如今正在发展着，将成为一种具有空前意义的研究工具。

还有，大力推荐搜集和记录资料的普遍标准和综合的一般标准。这种标准要建立起来，运用标准化的方法，就有可能去比较材料和决定哪些情报是最重要的，并尽可能使之条理化。再加上卡莫诺史前研究中心、联合国教文和国际纪念碑和遗址委员会正在发展一种国际性的术语目录，那将成为岩画名词的一个普遍性的术语表，以避免各种语言在解说上的混乱。精确的文件将为综合和分析提供原始的资料。

尤其重要的，我们还要认识到，学者们在进行他们研究方向时，必须允许保留充分的独立性。然而，创造性观念的交流，仍然是刺激知识增长的主要方法。为了更好地了解这些原始艺术创造的最初动机、性能和在当时社会中所扮演的角色，我们必须集中我们的注意力于比较和讨论，并互相学习彼此的想法（图25）。

图25 《父子虎》 宁夏贺兰山岩画

学者们在为科学和文化的进展而工作时，也经常带着某种疑虑，因为他们是在隔离条件下从事工作，不知道自己的研究领域内，在世界其他地区的发展。这种联络的缺乏只能妨碍知识的传播和限制岩画信息的开拓。没有一个世界资料贮藏库，当地研究者的眼界只能局限在一个省的水平范围之内。在这种环境之中进行的研究，即使是对当地样式的研究，也少有可能在文化和历史方面作出重要的贡献。这是在学者之间产生不满意的一个严重原因。所以，为世界性的情报和文件，创造一个必需的工具，如像所建议的资料库那样，是有生命力的。

第二个目的，创造对现代文化来说是易于接受的研究成果这仍旧是重要的。认真而翔实可靠的科学资料，如果它们不属于普通的教育的一部分，并没有为整个社会所共享，将永远不会转化为文化。最后，这也可以说是最重要的研究目的之一。我们已经估计了那些方法，包括通过出版物、文化课程、博物馆、考古公园和巡回展览会，能使岩画为最广大的人民所易于接受。还有，我们必须努力使每一个独立的地区，有保护它的文化的自治权利。

每一个国家必须有权保护和发展自己的文化遗产，同时在一个国际平等地位的情况下，维持协作的态度，这将要求国际和本地双方的努力与善意。研究者将出版他们的发现，使别的研究者得到益处，同时也面向广大群众。出版物《世界岩画研究杂志》将研究的结果和当前岩画研究的情况发表出来，这对学者和一般群众都是同样有用的。

第三个目的，为下一代保存岩画遗产。这和前面说过的那个目的是紧密相连的。事实上，假如我们能够实现第二个目的，成功地培养起对岩画这种文化的内行来，我们将很好地引导有效的保护和修复。当地对岩画的兴趣将鼓舞一种热切的愿望，去保护岩画地点，并建立一种切实关心的感情。人们是不会以很大的努力，去保护那些他们所不了解的和无价值的东西的。

研究岩画就是调查我们人类精神历史的早期篇章。岩画已在全世界100多个国家发现，在这个脱颖而出的学科中，仍有大量的问题无法回答。从全世界岩画的普遍性看，认识到我们文化的起源，为了增进对这种遗产的研究，我们必须继续鼓励和改善真诚的国际间协作。

正如我们曾看到的，虽然首次对岩画的叙述，是在300多年前作出的，岩画作为一个研究领域仍处在幼年期。事实上，当岩画还是一门年青学科的时候，我们必须设计一个普遍的研究基础，既可为我们这一代所利用，也可以使将来的岩画学者，能在我们今天的基础上继续下去。

岩画虽然服务于不同的目的，但它反映的是人类社会、心理和观念的需要。在这种意义上，我们还可以说出很多有关现代部落人群的岩画，诸如南非的桑人，加拿大的阿耳冈昆人，近东的贝都英部落，或是中央澳大利亚的阿兰达人，它们的直接证明仍然是有用的。许多有关的情报被搜集起来，可以将当代部落人群和早期人类相比较。但是对岩画的"阅读"，不仅仅只是和一般地阅读有点近似，大量的岩画群它们所提供的体系，接近于我所说的"符号文字"。在某些地点，如意大利阿尔卑斯山的梵尔卡莫尼卡，把岩画译成普通文字的工作，正在顺利地进行着。因此，从一种旧的题材中可以获得新的知识。

岩画表现着人类历史上的连续性篇章，从早期的狩猎者到现代的狩猎—采集和游牧的社会。因此，一种真正的国际性方法，考虑到对岩画这个杰出的财富，作综合的研究和保护工作，已成为非常迫切的需要了。情感和动机的同一性，仍然是我们今天许多感情和行为的根源，这些都可以在岩画中发现。对它的研究使我们认识到，那种被现代教育所压抑我们意识的要素，而那些要素经常被隐藏在我们自己中间。岩画有着非常重大的意义，不仅仅在文化上和美学上与历史的演变上，而且可以唤起我们对人类一致性的认识，并有可能去理解我们人类深刻的根（图26）。

图26　《野合》　宁夏贺兰山岩画

岩画突出的面貌，是它以镜子般的形式反映了人类内在的东西，揭示出创造者深刻的面貌。因此，对有关早期人类的感情、伦理和观念等本质的认识，岩画是一种无可比拟的源泉。岩画向我们提供了人类的创造性、抽象的思维力和想象力的证据。同样的，它表现了有关早期人类，持续不断地追寻着人和动物、人和生活环境、自然界和"超自然界"之间的协调和平衡。

岩画通过构图、题材、色彩的选择，有意无意地向人们表现了他们的艺术感觉，也表现出他们的智力和才能。在题材的描绘当中，不管是图像、表意文字或精神的表现，关于人们如何行动，他们的动机怎样，他们的宗教、观念和生活又是如何，我们只有少数的间接的认识。岩画以精致的细节和深刻的人类感情、信仰和态度，能提供的历史记录超过了4万年。而且，岩画在每一个大洲都有发现，但世界的某些区域，文字的历史仅仅只有数百年。

岩画成为现代人们手中的一种工具，这种工具使人们能获得对过去的一种新的认知和重新发现他们自己及他们的根。

——译自《文化遗产研究报告》第一集，联合国教科文组织1983年出版。

世界岩画
—— 原始的语言

陈兆复　译

一　前　言

1983 年，联合国教科文组织委托我写了一份世界岩画研究情况的报告，这是第一次尝试从全世界范围的观点，来叙述这种最古老的艺术。十年之后，1993 年，国际纪念碑遗址委员会又委托我起草另一份岩画研究的报告。

作为这两份报告的作者，我有机会评估近十年来，在岩画研究领域里的巨大进步。本书提供这两份报告的主要内容和评价，进一步揭示了岩画符号的意义和划分岩画结构的主要类型，并着眼于将来，分析岩画研究将用何种方法，岩画将对世界文化做出何种贡献。

从一代人到另一代人，岩画研究的重点也在改变。20 世纪初叶，在以一种不明确的方法初步建立起对某些岩画点的年代之后，岩画研究的主要兴趣集中在对作品动机的分析。狩猎巫术、萨满主义、以传达信息为目的的图画文字、成年礼、传授知识、动物崇拜和其他学说都曾被

＊　编者按：1994 年 9 月 21 日，国际岩画委员会前主席 E. 阿纳蒂教授访问中央民族大学中国岩画研究中心，临别时以本书相赠，并希望能译成汉文在中国发表。本书是作者研究岩画数十年的理论论著，对我们有一定参考意义，特此译出。当时的译文连载在《岩画》的第一辑（1995）和第二辑（2000）上。由于《岩画》停刊，只刊登本篇的部分内容，20 年后在本书接下继续刊登余下内容。图版部分则未予翻译。令人欣喜的是，研究中心的年轻学者最近已将本书的新版本（第五版）全部译出，2017 年由宁夏人民出版社出版。

提了出来。此后，岩画研究以使用或妄用史前艺术与现代部落艺术之间的比较为其特点。许多好奇的研究者发现世界上某一地区的原始部落，仍在描绘那些在世界另一地区数世纪前就已表现过的东西。20 年代后，断代成为主要考虑的问题，风格的界定成为主要辩论的议题。

某些研究者演出他们卖艺人的才能，来确定年代、风格和分期。但所有这些争论大都局限在地区范围的水平之内，对于不同大陆岩画之间的比较，则缺乏科学的方法。

20 世纪六七十年代主要倾向是确认"科学"和"技术"。所发表的文章集中在于解决一系列问题的方法上，包括记录特定岩画点的细节和一些别的东西。这些东西现在看起来只是研究的手段而不是它的目的。

研究需要一种全球性的方法。目前，大多数的研究存在着严格的地区局限性。现象学的方法很少被考虑到，因此只抓住单一孤立的细节。大多数的研究者只有当地的材料，而对普遍性的样式则知之甚少。然而，所有这些都是必要步骤，是组成目前研究工作的基础。

在 1982～1983 年编写第一次"世界报告"的时候，世界岩画的资料库也开始建立起来。那时的主要论点是证明岩画为一种世界范围的现象，是文字发生之前人们所采用的表达方法和文化倾向。在 1993 年的第二次"世界报告"里，则主要着眼于经常性、典型性和普遍存在的范例（图27）。

一些因素重复出现在所有的大陆，标示出岩画的基本原理和基本结构。岩画作为一种原始语言的表现，也会有方言，但不像现代语言那样彼此无法沟通。它是一种普遍性的语言，能被讲任何一种语言、使用任何一种文字的人们所阅读和了解。

岩画典型仍在起作用。它能够迅速地传达出内容深刻的信息，这是语言的性质，也正是许多艺术家、教师、政治家、普通平民、公共关系机构和预言家们所期望的。因此它引起公众的普遍兴趣也就不足为奇了。

法国的拉斯科和西班牙的阿尔塔米拉洞窟的崖壁画都已广为人知。这是因为它们的地理位置和被写进历史教科书的缘故。阿尔及利亚撒哈

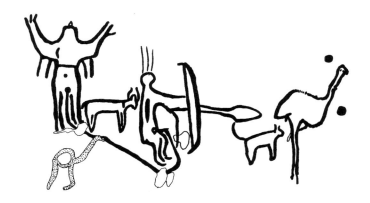

图 27 阿尔及利亚撒哈拉岩刻

图中表现的是狩猎与性的关系。一个鸵鸟的狩猎者使用一张弓和一支箭头很
大的箭，并带了一只猎狗。猎人的生殖器有一根线连接站在后面的妇女的耻
骨。在猎人与妇女之间有一只山羊，头上有三角形的符号，妇女头上也有着
相同的符号，可能是一种标记。动物是附加的表意文字，可能是妇女的身份
或名字。狩猎的对象鸵鸟附近上、下有两个圆穴，说明鸵鸟将被猎获。

拉沙漠的塔西里崖壁画和意大利阿尔卑斯山的梵尔卡莫尼卡岩刻，数十
年来一直在被记录和研究着，也只有最近才被公认为文化的一部分。但
很少有人知道，这些只不过是世界庞大遗产的一少部分。现在的发现证
明，在世界的许多地区，早期人类都选择在岩石上进行刻绘。尽管发现
工作远未充分，但现在我们已有数千个岩画遗址的报告，科学的证据，
如^{14}C 测试年代，史前气象学和考古学的分析，证明目前已知的最早的岩
画创造于约 4 万年前。

岩画体现了人类抽象、综合和想象的才能，它描绘出人类经济的和
社会的活动，人类的观念、信仰和实践。岩画对深刻认识人类的精神生
活和文化样式是其他任何东西所不能代替的。早在文字发明之前，岩画
是记录了人类想象和艺术创造的最早证据，组成人类遗产中最有普遍意
义的部分。

在全世界范围内分析岩画是一个全新的研究领域，目前正在它的初
创阶段。现在的研究是基于从所有人类居住的大陆 200 多个岩画地区收
集来的材料。从一般的倾向和一定的数量分析，概括出十七个原则，并

将岩画分为四个类型，各自有其风格上的不同因素，不同的内容，并有四种不同的经济背景。对全世界岩画主要集中点的比较分析，可以确认这些原则和类型具有普遍的性质（图28）。

图28 《船与人物》

里海海岸出现一种农业与渔猎人群的岩刻。左边有一对男女手牵着手，旁边是一位画得更大的女人，可能表示她更为重要。男人的性别由一根线条表示，女人的性别由两根线条表示。画面上的船只是后来加上去的。

文字出现前的社会里，视觉艺术的基本原则和结构，是指那些普遍存在的样式，说明人类"逻辑基础"的出现、普遍观念的发展顺序以及相互关系。典型的范例在视觉艺术中是用来说明一种原始世界的观察力，这正是岩画所体现的。某些普遍的样式在现代艺术中仍然存在着。

人类的这笔遗产正在迅速地消失，由于森林的采伐、大气的污染、城市的扩大、道路的修筑和地区的开发，还有无知的或恶意的破坏和别的活动，都是引起毁坏的主要原因。这些遗产绝大多数都尚未被记录和研究过，人类已面临永远丧失它们的危险。因此，为了把它们留给后代子孙，记录、编目和抢救的工作就成为非常紧迫的事了。

向如此复杂的实际工作迈出的第一步是认识。人们如何去保护那些他们认为没有价值的东西呢？1992年，意大利梵尔卡莫尼卡召开的第十次国际岩画研讨会，向各国政府和国际组织发出呼吁，促进对岩画的了解，开展对岩画价值和保护的宣传教育，特别是对那些当地有岩画点的民众。

显然，岩画会成为极有价值的旅游资源，以增进当地经济，但这种发展如果没有适当的文化和教育为背景，就会出现两种主要的危险。当地民众可能被撇开、被疏远，而不是鼓励他们去保护这些岩画点。不适当的保护方法有可能引起更快地毁坏和破坏其周围的自然环境。强制推行某种保护措施很难提高民众对岩画的认识，正如我们曾在欧洲、澳洲和别的地方看到的那样，只有当地民众和参观者都认真地关心岩画点，它们才能得到最好的保护。

二　调　查

对世界岩画的初步调查，基于意大利卡莫诺史前研究中心资料库的文件资料和对来自研究者的调查报告，使我们有可能对全世界 820 个岩画地区进行定位，它们包含有数千个岩画点。

为使在岩画专家之间辨认岩画点，这里有必要区分什么是地区和地点。从整体上说，目前一般都同意如下两点。

① 地点。岩画地点是指有岩画的地方。地点的边界要在最靠边的图形以外 500 米的地方，从各个方向再也没有图形了。两组图形之间没有形象的地段超过 500 米的，可以被认为是两个不同的地点。目前，全世界已被记录的岩画地点已超过 2 万个。

② 地区。岩画地区可以包括许多地点。初步的区分是由它们的文化和风格特征所规定。岩画地区有着地貌上的一致性，诸如山谷、高原和山地等。为了能清楚区别开所形成的不同地区，两个岩画地区的集中点之间，至少要有 20 千米以上，这个距离大约要走一天。现在已有 820 个地区被定位，这个数字主要依据可靠的报告。

岩画地区通常包括别的考古遗存，这对了解本地区是非常重要的，可以帮助我们了解制作的年代。每个地区都有自己的风景和地貌。人类对制作岩画地点的选择，通常是因地理位置所决定的，所以作为岩画地区的自然环境，这些都应该看作是遗产的一部分予以保留和保护。

地区的选择是为了确定主要地区。所谓主要地区是指那些对早期人类智能一致性的认识有着突出贡献的地区。大多数主要边区在小于

1000 平方千米地带之内，有超过 1 万个图形，但这不是绝对的先决条件。

令人吃惊的是，这些地区却相当平均地分布着，没有一个大陆少于 10 个主要地区，也没有一个大陆超过 40 个主要地区。到目前为止，150 个主要地区已被鉴定，其分布如下：

非洲，有 24 个国家，31 个地区；

亚洲，有 13 个国家，34 个地区；

美洲，有 13 个国家，39 个地区；

欧洲，有 14 个国家，31 个地区；

大洋洲，有 6 个国家，15 个地区；

全世界，有 70 个国家，150 个地区。

这些岩画主要地区，有的有大量的图形。在莱索托的德拉肯斯芋堡山脉和南非，有 5000 多个岩画地点，估计有超过 300 万个图形。在澳大利亚阿纳姆地的卡卡图有超过 200 万个图形；在阿尔及利亚的塔西里·纳吉尔有超过 400 个地点，至少有 60 万个图形；在以色列和埃及，内盖夫和西奈，包括 17 个地区，超过 300 个地点，至少有 50 万个图形；在法国、意大利、瑞士和奥地利的阿尔卑斯山脉有 16 个地区，其中仅意大利的梵尔卡莫尼卡一地，包括 26 个地点，超过 25 万个图形被记录下来，而图形的总数估计要超过 35 万个；在阿拉伯、印度、西伯利亚、俄罗斯的中互、巴西和阿根廷都可能有许多岩画，只是还没有进行过精确的调查。

到目前为止，全世界岩画已被记录的图形超过 3500 万个，我们完全可以估计得出，目前世界仍保存下来的岩画图形总数在 5000 万个以上。这组成了人类精神经历不平常的记录，它是杰出的世界遗产，是重建人类历史极其重要的源泉（图 29）。

每个图形都是一种深思熟虑的创造，同时传达出某种信息，所有这些集中在一起，构成人类 4 万年历史的一系列记录资料。每天都会有些历史被重写，某些部分被重新解释，岩画点亮了人类漫长的历史进程。这可能会成为下一代人类科学最具挑战性的事件。进行一个世界性的具

图 29　《牛与人》　埃塞俄比亚崖壁画

人们用盾牌抵御野牛，另一群人正在逼近。下部的野牛是用不同手法画成的。

体调查，产生一个世界性的资料，这是非常重要的。一种新的世界史将载入人类的精神经历，载入普通民众的信仰和习惯，而这些东西以前是被世界史所忽略的。岩画以其无可比拟的丰富材料表现了普通民众，也记录了自从人类创造艺术以来晚期智人（现代人类）的精神发展的历程。

三　研究的开始

　　岩画是人类对自然解释的一种尝试，然而岩画本身往往也在不断地被解释着。人们很早以前就开始理解岩画所传达的信息，看起来岩画与岩画研究几乎是同时开始的。上埃及的基皮尔·乌文纳特（Jebel Uwenat）的早期岩刻中的表意符号，可能在 12000 年前就被解释过。数千年之后，一个新石器时代的艺术家在一个女性符号旁边，加画了一个女人的形象。在意大利的梵尔卡莫尼卡的鲁尼（Luine）岩画点，有一个匕首的岩刻约作于公元前 3000 年前的铁器时代，到了 3000 年后的罗马时代，一个过路人在旁边刻了拉丁文"匕首"。在同一个地方，中世纪的牧羊人在史前的岩刻旁边刻十字，以抵消那些岩刻的恶魔力量。在印度中央邦的波摩波特卡，佛教徒们于 19 世纪开始就一直使用那些画有史前岩画的岩厦，并在那里加上佛教的形象，来重新确定这些地点的神圣意义。

1627 年，自挪威教师彼得·阿尔弗逊（P. Alfsson）在瑞典的波罕斯浪进行了第一幅史前岩画的记录起，对于岩画的研究逐渐引起学者和普通人的兴趣。

自 20 世纪始，有关岩画的出版物才日渐增多起来，即使如此岩画研究这项事业，仍然是一个比较年轻的、发展不充分的学术研究领域。今天，这个题目正在唤起学者们更大的兴趣。然而至今高质量的记录制度、充分统一的方式、方法和目标等，在世界的许多地方仍然是缺乏的。

虽然，零星的岩画报告，在 18、19 世纪就已经出现了，但主要的研究工作一直到 19 世纪末才开展起来（图 30）。在美国，1893 年斯密逊组织出版了玛勒里（G. Mallery）的一本非常有价值的书《美洲印第安人的图画文字》。从 20 世纪初，在南非、撒哈拉、澳大利亚都有岩画方面的重要报告和资料发表。在瑞典，有岩画研究的先驱者阿尔格林（O. Almgren）；在阿尔卑斯山，有英国的牧师皮克尼尔（C. Bicknell）。

图 30　马拉维岩画

马拉维纳萨那瓦纳古贝岩画，复合经济部族的岩画。根据村中长者的说法，直到 20 个世纪，作画的石壁处还用作年轻姑娘成人仪式的地方。

约 100 年前，当西班牙的阿尔塔米拉洞窟崖壁画发现之后，法国和西班牙大量的旧石器时代的洞窟被发掘出来了。在 20 世纪初，这些岩画点的记录和描述，是在步日耶（A. H. Breuil）和奥勃玛（H. Obermaier）指导下进行的。

这两位学者和后来的恰丁（Chardin），创建了一个挑战性的学派，其贡献在于，使岩画研究获得一个新的研究方法。当时的研究方法是从描述和理论两个方面进行，学者们试图去确定史前绘画的年代，解析它们的意义，并和现代的原始部落的传统和习俗联系起来。在这些初期的研究当中，当时虽然收集了许多原始资料，但却缺乏综合和分析。尽管如此，他们毕竟为后来的研究工作准备了非常有价值的基础，使人们产生好奇心，刺激着人们去从事进一步的研究工作。

近年来著名的学者，如保罗·格拉兹斯（P. Graziosi）和阿拉达·勒依 – 格尔汗（A. Leroi-Gourhan）为使旧石器时代欧洲艺术的系统化作过许多努力，这就为一种结构性的分析奠定了基础。意大利卡莫诺史前研究中心（CCSP）将岩画作为一个世界范围的现象进行研究，而作为这种研究的成果之一，即是国际岩画研究委员会（CAR – ICOMOS）的创立。

意大利卡莫诺史前研究中心，建立了世界岩画档案，列出岩画专家名录，向联合国教科文组织提交世界岩画研究报告和召开国际学术会议。资料的收集正在不断地增长，来自不同国家的学者们正努力参与到这个新诞生的学科——岩画学。

岩画记录与研究的方法曾经是，也仍然是在不断地改善之中，而且随着科学的发展，无疑会得到进一步的发展。研究水平的提高，随之而来的是对文献分析和体系建立有新的要求，这样又会促使更加深入地研究。

研究方法必须为每一个项目所采用，首先要能保证得到分析所需要的基础资料。分析必须依照计划，正如每个项目要求有明确的目标。记录崖壁画与岩刻是不同的，如果两者同时存在于一个岩石表面，也还要考虑别的方法来记录。再加上图形的尺寸范围和岩画表面保存的情况，

岩石的类型，制作的技术，地层学上的次序，岩石表面不规则的和不同
程度的岩垢。这种岩垢的颜色是由于自然界氧化的缘故，而且随着岁月
的流逝而有所不同。以上各种情况都要求特殊的调查与研究的方法。现
在记录的方法已由意大利卡莫诺史前研究中心发展了，并被许多欧洲、
非洲的主要岩画点采用，当然这还不能说普遍适用的方法已经解决了。

　　记录同样要求考虑到画面重叠的次序和地层学上的问题，岩画题
材的分析，风格样式的评估，材料的研究和艺术家使用的工具，以及
大量其他方面问题，这些都有助于更加深入地了解岩画各方面的情况
（图31）。

图31　《狩猎》　津巴布韦岩画

　　由于各种各样的方法和训练，研究者使用各种明显不同的手段，然
而发展和建立一种统一的普遍体系，无论如何都是迫切的，使研究者能
互相了解，便于比较研究的成果，去鉴定每一个地区共通的和不同的
因素。

　　当一个地区被精确地记录之后，出现的主要的问题是这些搜集起来
的材料将做什么用。换句话说，岩画研究的目的和任务是什么？正如记
录的方法一样，研究的目的也在发展。前些年，这个领域的范围变得更
加广阔，并发现了新的内涵。

事情正在起变化，当人们了解到，岩画好像文字，是人类历史重建的非常重要的来源。出于这种考虑，岩画研究在容量和前景两方面都发展了，不再仅仅是把岩画作为描述的对象，而变成了一个研究的学科。

20 年前，只有少数的岩画专家，集中在少数几个国家里。今天全世界已有约 150 个国家，超过 300 位专家了。大量的业余爱好者和成千上万的普通群众，像朝圣者那样到岩画点去朝圣。诸如意大利梵尔卡莫尼卡，或阿尔及利亚的塔西里，在 30 年内去参观岩画点的观众就增加了 30 倍。岩画大都是由群众发现的，但学者们仍需明确其研究任务的范围和目的。

四 历史的重建

地球上晚期智人（Homo Sapiens）的出现，标志着一个新的人种，他们能够通过发出复杂的声音进行交流，也就是我们所说的语言。这类人种散布全球，我们都是这类人种的子孙。早期的声音、手势以及别的交流方法，无论口头说的或是动作做的，都没有保留下来。只有图像信息一直流传到现代，并以岩画的形式保存下来。对它的研究和估价提供了持续 4 万年之久的人类精神生活。它是能向我们提供早期人类的想象和精神历程的唯一的资料。通过全世界岩画上所展示的主题和形象的一致性，证明了人类智力的共通来源。

在每一个有人类居住的地方，大量集中的岩画提供对人类历史的新认识。从旧石器时代狩猎、采集者到现代的采集、渔猎和游牧社会所搜集到的信息，使我们获得大量有关亚洲、非洲、美洲、欧洲和大洋洲许多国家遥远过去的历史资料。

因为岩画出现于远在文字之前，它成为早期人类表现自己和对世界看法的最重要的证据。同时，最早的书写文字的产生只有 5000 多年，而岩画提供了在此之前数万年人类生存方式的记录。可是，岩画作为一种文化、社会、历史的知识源泉，在世界的大部分地区，这种人类创造力的表现曾被严重地忽略掉。由于多种原因，个别地区学者的成果，未被其他地区有效地利用，为建立一个思想上更加协作和易于接受的论坛，研究者之间共享岩画研究成果是非常必要的。

岩画研究的发展，或多或少和社会文化进展所达到的技术水平相联系。新的发明和革新成为后来的每前进一步的基础，新经验的积累，又推动随之而来的进步。虽然这种合乎逻辑的发展，同样存在于各种文化艺术之中，但这里仍然存在着问题。当代文化标准和现象影响着对原始艺术创造力的估价和欣赏，美学观念的改变从个人到个人，从一种文化到另一种文化，我们认识到这种风格和趣味的转换。我们要注意当岩画的风格被描述为写实的、叙述的、抽象的或象征的时候，这种术语反映了我们自己的理解程度和我们自己的文化标准，而且这里还是复杂的、辩证的和带有个人成分的。

艺术家并不能表现所有他看到的和知道的东西，而是有着明显的选择性。题材的不同符合于时代的更替，它们总是经常地被限制在各自时代之内。某种描写对象的频繁出现和大量集中，使我们有可能去建立起一个艺术价值的初步体系（图32）。题材的整个范围，往往使我们易于清楚地划定其所组成的特定的文化模式，又往往是作者运用某种特定的方法去画、描、刻的推动力。同时，题材和风格也总是反映出创作者深刻的动机。

岩画可以帮助我们确定某种特定的文化样式（图33）。当岩画群能按时代顺序，而且每一种岩画群代表一个文化序列中的不同时期，通过画面的题材和相配合的形象，岩画能揭示人类生活的许多方面。对于狩猎动物的种属和采集食物的种类的描绘，告诉我们许多有关人类的制度。对于武器、工具和别的物件的描绘，提示了当时人类的技术能力。神话和信仰的图像又带给我们作为智力的根的思想意识及其本质面貌。并提示出人类所认识的自然和"超自然"之间的相互联系。

比较研究可以帮助我们去鉴别全世界相似的社会类型。例如，某种狩猎社会，全世界的岩画都趋向于一种特定的风格去描绘动物，还用大致相同的符号图形。不同地区的游牧社会，有着普遍的风格特点，表现的中心是他们所饲养的动物，渔人艺术或牧人艺术，即使他们相距甚

图 32　《捕鱼》　狩猎采集者时期南非岩画

图 33　《牛群》　早期狩猎者时期埃及岩画

远，也可以显示出相似的风格特点。日常生活方式与特定的活动方式，都能相同地影响着那些有着相同活动背景的人们，其结果在形象表现上就会出现相似的倾向。所以看起来，风格样式和题材内容，标志着智力的特定水平，据此我们能查明文化的某一个发展阶段。这样看来我们可以用非常普遍的方法去解析风格的意义。当然，每个形象的细节，仍然能揭示出更多的有关艺术家个人文化、他的心理状态、动机和他个人所全神贯注的事物。岩画研究可能在不远的将来，在重建人类的历史和某一原始民族的历史和文化本质方面，会发生巨大的影响。

五　世界的分布

今天，我们生活的世界，艺术在日常生活中，扮演着一个逐渐变得并不重要的角色。在早期人类则明显地表现出，艺术是日常生活中一种不可或缺的东西。在世界的每一部分，居住在各地的人群，都绘画或雕刻着岩画，岩石在世界各地都被人们作为最早的画布使用着。这种艺术被保留下来了，而其他更多的艺术形式，可能更为古老的，却没有保存下来。文身与人体装饰，还有沙画与彩色石子的镶嵌，可能和岩画一样的古老，甚至更为古老。音乐与舞蹈，现在我们也只有从岩画的描绘中和从考古学地层发掘出来的乐器上，才能看到一些遗迹。

岩画的重要集中点或多或少的相当平均地发现在地球有人居住过的地方。我们可以从非洲南部开始调查，根据目前的报告那里有世界上最大的岩画集中点。这些主要集中点在安哥拉、博茨瓦纳、肯尼亚、莱索托、马拉维、莫桑比克、纳米比亚、南非共和国、坦桑尼亚、乌干达、赞比亚和津巴布韦。在北非，主要的集中点位于阿尔及利亚、乍得、埃及、埃塞俄比亚、利比亚和苏丹。

在亚洲，主要的集中点在近东有伊朗、以色列、约旦、阿曼、苏丹阿拉伯、西奈（埃及）和安纳托利亚（土耳其）；在中亚和远东，重要的集中点有阿富汗、中国、印度、蒙古、巴勒斯坦和俄罗斯中亚的一些地区和西伯利亚。

　　北美的主要的岩画点在加拿大和美国（图34）。在拉丁美洲著名的岩画点分布阿根廷、玻利维亚、巴西、智利、哥伦比亚、厄瓜多尔、危地马拉、墨西哥、秘鲁（图35）、多米尼加和委内瑞拉。在欧洲，主

图34　《法力无边的神灵》　美国岩刻

北美印第安部落常在有岩画的崖壁前召唤他们祖先的神灵，他们神灵就在崖壁里面。

图35　秘鲁农耕文化时期岩画

"复杂经济"集团的早期阶段。舞蹈和音乐的一个场景，节奏和声音是以点图形的方式表示，并与周围的舞者共同组成的。每个舞者都有他在舞蹈中所代表的不同的身份。面具，这表明他的身份（或他在舞蹈中所代表的身份）。

要的集中点在奥地利、保加利亚、丹麦、芬兰、法国、爱尔兰、意大利、挪威、葡萄牙、西班牙（图36）、瑞典、瑞士、英国和俄罗斯。在大洋洲，很多主要集中点是在澳大利亚、包括塔斯马尼亚州，别的还发现在复活节岛（智利）、夏威夷（美国）、新几内亚、新西兰和所罗门群岛。

图36　《各种不同头饰的人物》　西班牙岩画

进化了的狩猎者岩画。三个人物形象中的每一个都通过头饰而带有性别特征。中间的好像戴着帽子，其他两个的头上饰有羽毛。

最近的研究表明各大洲岩画的起源，比几年前想象的要早得多。在非洲，最古老的艺术断代，到目前为止，是来自纳米比亚的阿罗罗Ⅱ洞窟，由温得特（W. E. Wendt）断定，那里有画着动物形象的石片，发现在中石器时代的考古学的地层中，经三次^{14}C 测定距今为 28400 年、26700 年和 26300 年。在坦桑尼亚最古老的岩画是在康达阿（Kondoa）和辛吉达（Singida）地区，有可能比纳米比亚的更早。在一个画过的岩画里，利用颜料做的记号，被发现在断代于 40000 年前考古学地层中。

一系列不同风格的早期狩猎崖画看起来要早于任何一个迄今曾经断代的岩画，有可能超过 40000 年。在北非，迄今最早时期的可靠的断代比南非要晚得多。在利比亚的阿卡库斯山脉的早期的狩猎者艺术可以归结到更新世晚期，根据摩里（F. Mori）的断代距今超过 12000 年。相似风格的岩画群在阿尔及利亚的塔西里·阿杰尔和乍得的伊纳地（Ennedi）都有。

在近东，岩画年代最早的线索，是中央阿拉伯，看起来是属于更新世时期。在公元前 14000 ~ 前 10000 年，在中亚和远东，到目前为止，断代的资料比别的地方要少得多。从阿耳他和别的中央西伯利亚贝加尔湖地区的其他遗址，发现一些小型可移动的艺术品，断代为约距今为 34800 年，用比较的方法，奥克拉德尼科夫（A. P. Okladnikov）对中西伯利亚的各个地区岩画点进行研究，认为可断代于更新世时期。这些断代是有争议的，但是早期狩猎者的岩刻遍布西伯利亚，其中一部分可能属于更新世时期。

在印度中央邦的皮摩波特卡，学者维堪卡（V. S. Wakankar）查明有一系列石器时代的崖壁画，并断定为更新世时期的作品。同时在同一地区发现的装饰过的鸵鸟蛋壳，经 ^{14}C 测定，断定为距今 25000 年。那里早期狩猎者崖壁画看起来也属于更新世时期。在欧洲，最早的图形符号断代为距今 34000 ~ 30000 年。可能与晚期智人首次出现在这个大陆的时间相合。阿尔塔米拉和拉斯科洞窟优美的彩色崖壁画出现在马德林文化期，约 16000 年前。某些图形符号曾被归于莫斯特时期（Mousterian），并被认为一种"形象前"阶段的图像，归因于尼安特安人的作品。这个假设是有很大的争论的，但是可以证明欧洲最早的图写符号，早到距今 40000 年前。到现在为止，非具象性的形象曾存在于那个时期。

在美洲，最早的艺术到目前为止来自南美。在巴西的皮奥伊州，与岩画相联结的地层，包括在岩面上的经过绘制的石片，经 ^{14}C 测定距今约 17000 年。最近，在巴西还有比这更早得多的断代，但到目前为止还不能证明其可靠性。在阿根廷的南端，圣克鲁斯省的比特阿斯河，经 ^{14}C 测定的年代，可以放在距今 12000 年前的早期岩画群之中。到目前为止，在北美与中美的岩画还没有这样早的年代。虽然从风格上看，墨西哥加利福尼亚州的巴雅和美国的加利福尼亚州和华盛顿州的早期狩猎岩画群，可能会有差不多早的年代。

在澳大利亚和大洋洲，到目前为止，岩画最早的可靠证据是靠近南澳大利亚的西南边界的阿德莱西部的库纳尔达洞窟（Koonalda Cave）的图形符号，^{14}C 测定断代为距今 20000 年前，最近提到断代早于 40000 年前的澳大利亚的岩刻，是根据的表骆岩垢的有机物质进行 ^{14}C 断代的。这样的断代出现的问题是，岩刻的过程中可能从周围环境带进别的物质。所以这种断代虽不能说不可能，但有待于进一步证明。

总括起来，到目前为止，根据在不同大陆的岩画，从最早的断代看来，岩画在世界各地区的出现，或多或少是在同一时期，距今约 40000 ~ 30000 年前。

不论什么原因，艺术的产生和岩画的出现，其基本原因是晚期智人，我们直接的祖先，今天相信他们源于非洲（图 37）和亚洲的一个"主要的故乡"。在欧洲、美洲和大洋洲尚无产生晚期智人这种原始人类出现的证据。所以可以说今天人类起源于这个主要的核心。早期的晚期智人的群体分散到达不同的大陆，他们带着他们的狩猎和采集的传

图 37　《人物》　津巴布韦晚期狩猎者时期岩画

统，以及他们的才能，去进行工具生产，他们原始的母语，他们社会的和观念的样式，和他们创造艺术的才能，晚期智人所创造的艺术品使我们有可能发现他们到达那里的踪迹。根据现在的材料，大迁移发生于45000~35000 年前，于是晚期智人获得他们现代的特征，全世界岩画的分布看起来是与晚期智人的分布相合的。

六 岩画生态学的位置

到目前为止，已查明的 150 个岩画主要地区，位于目前沙漠和半沙漠地带。我们或许可以肯定这些地区是在当前生态学形势的外围圈或隔离圈。这种情况存在于，从中部阿拉伯的达沙米·韦尔斯（D. Wells），到挪威北极圈的特罗姆瑟；从利比亚撒哈拉的阿卡库斯（Acacus），到中央澳大利亚的阿里斯岩（Ayres Rock）；从南非的卡拉哈里沙漠，到墨西哥的巴雅·加利福尼亚的圣地纳贝奥（San Ignazia）；从意大利的阿尔卑斯山的梵尔卡莫尼卡，到西伯利亚的中叶尼塞河；从阿根廷的巴塔哥尼亚高原的丘比特河（Rio Chubut），到以色列内盖夫沙漠的哈·卡科姆（Han Karkom）。另一方面，到目前为止，可靠的资料还表明，在今天热带森林地带则没有岩画的稠密区。在巴西的亚马孙平原、刚果，以及中、西非洲国家和东南亚都很少发现岩画。

欧洲旧石器时代洞窟崖壁画的主要集中地，都位于面向大西洋的死港地区。在法兰克—坎塔布利亚人类的迁徙活动似乎比东欧、巴尔干地区或地中海地区要少得多。地中海地区后来成为文明的繁荣地。在澳大利亚也重复出现这个现象，虽然人类是从北部到达这个大陆，并在向南延伸之前居住在北部。最早的岩画都发现于南部，在面向南大洋的死港，库纳尔达洞窟（Koonalda Cave）及其他地区。

再说，非洲最早的艺术集中地是坦桑尼亚和利比亚，都在山区边缘地区，那正是更新世后期人类活动的地带。同样的还有诸如南巴塔哥尼亚高原的彼吐拉斯河（Rio Pinturas）或墨西哥的巴雅·加利福尼亚半岛。这些重复出现的生态学上和地形学上的早期岩画环境，仍然是一个谜。然而，无疑的人类带着产生艺术的智力和技能，到达这些地区，并发现这些地区的环境特别有利于艺术的创造。

岩画生态学环境看起来是适合"启示录样式"。一个普通的标准，对于许多信徒来说符合圣经的观念"先知来自沙漠"。在非洲许多部分的医生长期隔离去神圣洞窟，西伯利亚的萨满选择一定的时间停留在冰冻的苔原地带。在世界的许多地方，成年式的准备工作是要求离开有人居住的地方。基督教的隐士选择孤独的地方，佛教徒到深山中去静坐默思。同样地，先知们选择沙漠。伊斯兰教发生在沙漠的绿洲，犹太教产生在沙漠的山中，哈·卡科姆（Har Karkom）被认为是《圣经》所说的西奈（Sinai）山，那里是整个西奈半岛最为丰富的岩画集中点。

在世界的许多地方，岩画的制作仍然被认为是神圣的，其中有的还是秘密的、严格限制的，只有参加正式仪式的人，才有可能进入。无疑许多史前的岩画点，它们位置的选择是有原因的。

在哈·卡科姆，我们知道岩画是在神圣的地方制作的，在马拉维，安雅（Nyau）人在神圣的洞窟里制作岩画，因为古代的精灵居住在那里的。西欧旧石器时代的神殿洞窟既是神圣的又是秘密的，许多澳大利亚岩画点也是如此。

七　最早的艺术

人类的狩猎方式存在了超过 200 万年，在人类这个物种的知识性上留下了深刻的痕迹。联想和"逻辑"，人类的基本生存历程，古往今来，都从这种生产方式中获得了基本的行为模式。这种狩猎生活方式随着我们人类祖先的扩散，在早 10 万年中逐渐地达到它的完善率和高效率。直立智人有着一个发达的科技水平，相当精致的心理能力，他们能够进行精确和高效的实践，并具有责任心，这些成为一种意识形态的模式。这个模式在现代人来说仍然是目前创造概念的核心，包括一个抽象的合成能力。当时，在许多其他事情之上的，最为重要的是产生了艺术和发展了一个清楚的和复杂的语言。

早期智人的艺术是心灵的镜子,构成人们的珍贵记录、概念和心理模型。我们将进一步阐述我们遇到的原型和典范。这是必不可少的,因为它们仍然存留在我们的内心深处。

那些生活在狩猎和采集经济基础上的人们今天几乎已经灭绝了。今天他们生活在局限于世界上最荒凉的地方。这些地区包括澳大利亚、非洲南部的沙漠、亚马孙河流域的热带雨林、刚果盆地、南洋、北极的拉普冻土地带、北美洲的阿拉斯加和加拿大的北部。他们占领地球表面20%的土地,然而,他们只有还不到世界上1%的人口。但是,在500年前,当美国由哥伦布发现的时候,地球70%的表面是由狩猎和采集的人群所占据,当时他们占世界人口的20%。

12000年前的更新世结束时,整个地球逐渐被基于粮食生产的农牧业经济所取代。在过去的12000年中,其他生活方式也才逐渐发展起来(图38)。

部落社会有在世界各地生产艺术的共同特征,特别是岩画。这些他们视觉输出的记录数以千百万计,分布在所有有人口居住的大陆上120多个国家。在所有已知的岩画70%是由狩猎和采集民所制作的,而小于30%的作者则是牧民和农民。对这个艺术的兴趣增长,则是由现代人们对这个项目的集体记忆和普遍认识的发展。

通过这些古老的人类心灵的表达,一个广泛被淹没的记忆回到我们的意识中,恢复我们的知识遗产的重要章节,但同样重要的是岩画的历史意义。岩画是一种象形文字构成人类最大和最重要的历史档案资料库,也是40000年直到现代的表意文字(图39)。同时,新发现几乎每天在增加。即使是在意大利的梵尔卡莫尼卡(Valcamonica),岩画工作我们已经做了30年,约做了250000位计数的工作,但发现过的仍然只是还没有被调查过的岩画的小部分罢了。

其他的例子来自莱索托。在过去的20年中,斯密斯(L. A. Smits)记录了数以千计的照片,是从500个左右的洞穴和岩石遮蔽处获得的。但仍然有大约5000个站点还没有编过目录(L. A. Smits,1988年)。这不是个别的现象,在大多数国家都存在类似的情况(E. 阿纳蒂,1989年)。

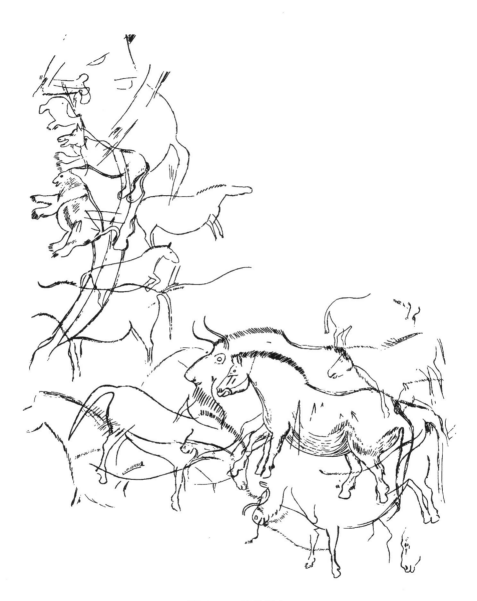

图38 三兄弟洞穴

法国，阿列日省，石窟雕刻岩画，早期狩猎者创作。四足动物的组合，特别
是牛科和马科，伴有表意文字。这些是在多少代人的时间里互相叠加上去的
图案。

b

图 39　旧石器时代可移动的小型艺术品

法国，上比利牛斯省，洛尔特岩洞。被装饰了的角。正面的全貌，用橡皮泥印出的复制品、示意图。整幅图刻在一个圆形柱上，只有用橡皮泥复制后才能看出全貌。这幅图是两个物种的组合——鱼和鹿，这可能是图腾符号。

最近的调查说明，这一人类文化遗产正在不同地区如美洲和远东地区，或大或小地被揭露出来（C. Grant，1982 年；J. Schobinger & C. Gradin，l985 年；陈兆复，1988 年）。但是即使像瑞典、西班牙和法国这样的国家，声称拥有完整的库存和罕见的编目，每年还都有新的发现，表明勘探工作尚未完成（A. Beltran，1988 年）。可以说，记录以及对岩画遗产的释辨理解仍处于研究的婴儿期。

到目前为止，编目和制作岩画的存货单主要还是学生和业余爱好者的私人工作，偶然得到大学和博物馆的支持。只是在过去的几年里一些政府已经意识到这一资料的重要性，作为一个巨大的文化和历史遗产它属于全人类。现在开始系统地收集库存和大量地着手研究工作，如 CCSP（卡莫诺史前研究中心，意大利）和（CAR – ICOMOS 国际岩画委员会），它们并得到联合国教科文组织和国际博物馆协会的支持。

同时，它被认为是必要的，以刺激个别学者使他们的研究成果提供给科学界。为此，我们推出一个专题系列岩画书籍《人类的脚步》，在意大利的 Jaca Book 出版社和英国剑桥大学出版社出版。随着联合国教科文组织的咨询机构在 1981 年的建议，期刊《BCSP》已成为世界上史前的和原始艺术的杂志，并着重岩画的发现和研究。

可移动的艺术有人俑、小型雕刻品和装饰物，可以得到不同的处理。一旦发现他们通常最终会被博物馆收藏，或有国家制定的库存。但是，岩画似乎是一个全世界的现象，它们的数量是已知史前艺术的90％，一直保持在原地的位置上，在所有有人类居住的大陆都有发现。

为了适应一个有效保存全球性的视觉艺术，岩画极需有一个巨大的世界数据库。数据应使用全世界的标准，这样可以比较分析。这就需要收集工作具有相同的编目、登记、分类和相同的数据类型。

程序在不同的国家要创造一个开放性的信息交流。考虑到这一目标，国际岩画委员会自 1984 年以来，搞了标准的形式可以输入不同语言的世界数据库，可以以任何语言阅读和打印。该数据库已经在加拿大、墨西哥、意大利、爱尔兰、坦桑尼亚、马拉维、沙特阿拉伯、以色列等国家编辑（E. 阿纳蒂，1984 年）。

岩刻在阿尔托·阿迪杰、意大利，以及那些岩画点和意大利相距只有几公里远的奥地利。它们进行分析和归类都采用不同的方式、方法和标准，这是无知的，用这类系统来进行世界性的研究是不可能的。国际组织应该鼓励推动区域和地方机构以及个别学者都采用相用的方式、方法和标准，并给他们以具体的支持和指导。

在联合国教科文组织的任务中，我们试图找出最重要的岩画区。这是必要的，以建立客观的标准，即使这些标准还要不断修改，但它为未来评估的尝试是有用的。许多最初的问题仍然没有解决，但支持研究的工作仍在继续。

八　经济和社会背景

风格和内容的某些元素已被证明是恒定的。在世界水平上，我们已经能够区分四类具有普遍特征的岩画艺术类型（E. 阿纳蒂，1981 年）。

① 早期猎人和采集者。这时的狩猎人们不知道弓箭的使用。岩画中出现数字和符号是相关的，但真正的描述性场景几乎是不存在的。

② 进化的狩猎者和采集者。狩猎人群使用弓箭，有描述和传说的场景。

③ 牧民（亦称动物饲养者）。这种人群的艺术所表现的主要是家畜饲养的经济活动。艺术家的主要兴趣集中在家养动物身上。

④ 复杂经济。这是与包括农业活动多样化的经济群体的艺术。神话场景和符号的示意性和分组，都是经常出现，并被重复着的。

这表明几乎全世界的岩画大部分可以属于上面的四个类型。只有一小部分的记事性质的岩画不能归入上面任何的四个类型。

在这些细分类别的过程中，有的岩画有一种混合特征和过渡阶段的情况，所以在每个类型中有相当大的变化，应作进一步的研究。然而，根据目前的研究现状，在浩瀚的材料中，超越区域定义的极限，在主题和风格分析基础上而创建出来的一般分类是必要的。该方法需要进一步的复杂化，但即使是现在，它只是研究工作的结果。在一些较大的岩画群体中这个初步的秩序已经建立了，包括坦桑尼亚中部、印度中央邦、阿拉伯中部、内盖夫和西奈沙漠以及塞米诺尔峡谷和在美国的德克萨斯州。

关于主题和类型标准：包括对具象性、组合和场景存在的本质、示意和抽象的风格，画面上某种野生或家养动物的重要性。画面上存在或不存在某些符号，哪些是画面上经常出现的有意义的元素。这些给我们带来的工作假设，思考这是哪一种生活方式，其影响行为、制约思想、联想的过程和因此产生其艺术的表现——岩画。

从对世界岩画群体的基本类型的深入分析，可以确定其普遍性因素，识别和区分它们的因素时考虑到五个元素是必要的：① 主题；② 组成和场景的类型；③ 风格的发展趋势；④ 技术模式；⑤ 岩石表面位置的类型。

譬如在梵尔卡莫尼卡（Valcamonica），发现总的模式确实存在。前卡莫尼（Proto-camunian）时期（约前 8000 ~ 前 6000 年）是 A 型，属于早期的猎人类型。而所有的连续时期属于 D 组，属于复杂经济类型（约前 6000 ~ 前 16 年）。B 组（进化猎人类型）和 C 组（牧民类型）似乎并不代表梵尔卡莫尼卡的岩画（E. 阿纳蒂，1976 年）。

在西班牙的一些岩画群，我们可以很清楚的知道它们属于 A 组，如坎塔布尔洞穴艺术（约前 30000 ~ 前 8000 年）；黎凡特的岩石艺术有很大一部分则属于 B 组（暂定年代约 8000 ~ 前 2000 年）；由图式艺术和一些复杂配合物组成的岩画属于 C 组或 D 组（约前 3500 年）；法国皮格山（Mount Bego）的岩画，直到最近，被许多人们认为是一个农业人口的作品。事实上可能应该属于 C 组；一个主要从事动物养育的人群的作品（约前 3000 ~ 前 1000 年）。只有在以后的阶段，岩画的图像中，包括犁的图像，反映出是部分农业的心态（前 1500 年）。

以色列内盖夫和西奈沙漠的岩画表现为一种连续继承的类型，A、B 和 C 型，而除了个别情况外，D 型岩画没有被检测出来过。从公元前

10000 年至今，这个序列的岩画表现出七个主要风格的范围。

这是可能的，这里的作品更为具体的表现不是在 A、B 两组。在世界各地有极其图案化、示意化的图像，绘画和雕刻都有。其第一次亮相，似乎是抽象的，符号与数值，重复组合的点和线和网格图案，实际上遵循一种概念规则。这些作品在欧洲不同群体的中石器时代，在西班牙的各西那（La Cocina）类型，在法国中石器时代的文化马格莫西安（Magelmoisian）艺术，在德国和斯堪的纳维亚和意大利的罗马尼里安（Romanellian）艺术。它们非常接近于土耳其风格和近东、北非、南部非洲的马拉维和赞比亚，沿墨累河（Murray）在澳大利亚南部和波利尼西亚群岛，都有相似的作品。

这些人类群体产生可移动的小型艺术品和岩画艺术。这些群体主要有两个重复性特征，一定数量的线条和圆点，在世界不同的地区都使用类似的联想语法；还有重复性特定的组合。生活在接近贝丘的地方，这些地方的人类群体被发现有与有壳的软体动物的遗骸堆积在那里，揭示了一个特定的饮食习惯和经济基础，他们是从事采集或捕获那些河流或沼泽的动物。因此，这样看来，一个具体的图形样式反映或多或少一致性的生活方式，在不同的时代，在世界各地。我们倾向于在河流、湖泊、沼泽和海岸发现这种类型的艺术。这似乎反映了一个群体的心态，而不是一个人在狩猎采集贝类。这样的活动，其原因尚不完全清楚，似乎已经引起了人们特别的兴趣。

在联合国教科文组织的任务中，我们试图找出最重要的岩画区。这是必要的，以建立客观的标准，许多最初的问题仍然没有解决，但工作的假设和对研究工作的支持仍在继续。名单刊登在《BCSP》第二十一卷（1984 年）上，但不包括所有已知的 120 个国家的岩画。可能有一个以上的原发性的重要区，它可能包括许多岩画点，如欧洲的法兰克—坎塔布利亚（Franco-Cantabrian）地区的洞窟崖壁画，和非洲中央坦桑尼亚或莱索托洞窟崖壁画地区。根据已经指出的一系列标准在给联合国教科文组织的报告（1983 年）中选取了 144 个地区，从现有的信息都被认为是最重要的。这个列表最近更新包括 150 个地区。当我们研究它们的分布时，我们意识到，其或多或少地均匀地扩散在所有的大陆上。事实上，岩画似乎是一个真正的普遍现象。

在几乎所有的情况下，记录至今发现的岩画都是一种非城市现象，有非常集中的岩石艺术地区是少有人居住的，相反的，人口较为集中的地方，也是岩石艺术稀缺的地方。这似乎是一个普遍的规律。似乎世界各地的人们都去从事艺术或其他宗教仪式和社会活动，却很少或根本没有注意到岩画。

九 象形文字、表意文字和心理记录

岩画的四大类型，分别为早期狩猎者、进化的狩猎者、牧民和复杂经济人，它们各自表现的类型内容，反复出现在各大洲的岩画上。

关于这些类型内容，我们可以发现其相互之间有三种不同文字，即象形的表现、表意文字和心理记录。这些在语法上的不同，不仅出现在岩画上，也出现在可移动的小型艺术品上。

象形文字内容的表现题材是形象，我们可以认识到它特定的形式，真实的或想象的那些拟人化的对象或动物形象等。

表意文字是重复的和组合成的形象，有时也可以是兽形和拟人化的形象，它们是棍棒、树的形状、阴茎和外阴的图像，或圆圈、点和线等组合在一起，来表现某种意义。这种表意文字反复出现有其不变的特点，似乎表明存在着一些传统的观念。

心理记录标志不清，似乎不表示对象或符号。他们是疯狂、暴力的能量发泄，甚至也许是表达某种感觉，甚至包含更多的意思。

象形文字内容所表现的题材我们可以识别出它们的形状，即使是不识字的人。象形文字有四个主题：① 拟人化；② 动物形象；③ 地形；④ 工具和武器。这些主题他们可能有隐喻的意义。只有在非常具体的情况下，岩画中很少有其他主题发现，如植物、风景或现实的肖像等等。

在上面我们经常发现相关的表意文字的含义，对数字本身和数字与这些图像的结合，许多学者进行了研究，已提出了各种理论（H. Breuil，1952 年；A leroi gourhan，1982 年；A. Lommel，1926 年；G. G. Luquet，1926 年；A. Marshack，1972 年）。但如今还没有令人满意的，仅仅是确定的动物物种的代表，或其他技术细节，因此这只是进一步研究的前奏。

对于文艺复兴时期的画家来说，鸽子无疑是一只鸽子。但在弗拉·安杰利科的报喜场景的画面中，有的说，画上的鸽子不传达任何意义。但当我们知道基督教的主题、艺术家的灵感，当我们都熟悉他的方法论和思维观念，就会知道鸽子是有一个比喻的内容和意义的圣灵。同样，毕加索画鸽子不只是一只鸽子，他将这种象形文字与我们所熟知的橄榄枝组合在一起，或许 20000 年后有人会问这又有什么呢？但现在的人们会把它作为一个比喻——和平。

许多其他例子可以被引用，如罗马时代的鹰。原始人在几千年前会说："对的，鸟表现的似乎是一只鹰。"从喙部的形状或翼的跨度可以证明。但这鹰的意思是什么呢？当伴随着四个表意文字 SPQR 时，就成为罗马元老院与民众的"动物图腾"。

不久后，其他地方也被发现鹰的图案。在多瑙河畔奥匈帝国的城镇，在美利坚合众国的首都，在中东一座宫殿的遗址，曾被一位国王和阿亚图拉使用过。

鹰在不同的情况下会伴随着不同的表意文字，毫无疑问，鹰作为一种象征将引发争论。象形的含义并不总是显而易见的，但共同点会显示在这些不同的情况下的鹰与权力或领导相关联。

定量分析表明，数字之间的相对差异的象形文字，在不同时期、不同群体的表意文字和心理记录是不同的。在早期的猎人群体，就有一个使三种字形平衡，在全世界都是或多或少恒定的方式，但是，至于象形表意文字的比例几乎零星的存在于图像之间。在进化的猎人和牧民群体，岩画通常以象形为主。

在采集者的岩画中，表意文字通常盛行，但在复杂的经济群体中，可能的变化有一个更大的范围，从组合那高大部分的象形和随着高大部分与表意文字的组合，在整个范围内可能存在或不存在心理记录的组合。因此，猎人们的精彩图像经常伴随着的观念必须是清晰可辨的，当时的人们是可以熟悉其观念内容的。今天情况变了，已经有了直接违反传统的东西。考古学家的工作现在是组装部件和观察，可以使我们有可能去接近对那些内容的理解。

在古代的著作和多组岩画的表意文字所传达的思想，从作者到读者，都在寻找画家的真实的或虚构的，向人们传达信息。我们已经认识到三种主要的形式，暂被命名为：① 解剖上的（如外阴形状或手印）；② 概念上的（如交叉或圆盘）；③ 数字上的（如作为一组点或线）。这些术语对于今天理解的需求是有益的，它们不一定意味着原来的意义。

大部分这种表现形式用于几千年史前的人们，后发现这是最早的文字，在世界的各地都有，如在中国、近东和美洲中部。因此，表意文字的意义能够追溯到一个单一的核心，一种普通的模式建立起来了。矩形或方形意味着土地、地点或地区，最早的岩画在大部分地区就有如此描绘的。两个或两个以上的波浪线表示水或液体；有射线的圆盘意味着太阳、太阳光线或日子；没有射线的圆盘意味着天空或空气。一些早期的象形文字，来自不同的大洲的岩画，对混合经济的人群，有点的三角形向下翻转成耻骨三角形，表示性别、生育或出生。许多情况下，在复杂的经济体中，人类群体的岩画在欧洲、近东和北非，一个拟人化图形附近的"圆点"符号，可能是一个行为的动词，像是去"做"。那么如果是靠近一个人的脚也可能意味着"去"或"走"，如果是在阴茎或外阴表示"性交"，如果是附近有弓和箭表示"去射"，如果它是靠近头部，表示"去想"。这类似意义的"圆点"出现在中国北部的贺兰山岩刻，以及亚利桑那州和新墨西哥的平原上，一个人脚下的一条线可能是一条小路的方向。类似的线出现在近东的后期岩画有相同的意义。问题是，他们是否可以追溯到一个共同的原型。

岩画四大类型中的三种不同表现内容之一的心理记录，标志传达的感觉，从他、她、或代表他、她的观察。除了象征性之外，还拥有自己

图40 罗克兰岩画

南非, 庞姆弗特, 罗克兰岩画。它是分两次刻成的岩画, 用了不同的雕刻方法。第一次属早期狩猎者时期。第二位艺术家很有力气, 他花了很多时间用小点来点缀长颈鹿的身体。第一位艺术家刻了个四足动物, 可能是一只大古杜羚羊——一个"之"字形的主题, 另有个表意书写符号, 只用了几组线条。对他来说, 重要的是动物和表意、书写符号的联想。对后面的艺术家来说, 看重的是审美的方面。

的更抽象的意义。心理图像作品在潜意识层面有一定的原型的迹象, 我们有意识的记忆不再能够定义它释放的联想和感觉, 他们是很难自觉定义的, 但我们内心深处会有共鸣。

在所有大陆的岩画中, 风景是非常罕见的, 同样是植物的图像。它们要么完全不存在, 如果它们确实存在的话, 要么或表示一些特定的特性。坦桑尼亚岩画序列跨度超过 40000 年，被认为是世界上最长的连续序列。然而，所有的蔬菜图像都集中在一个阶段，暂定年代结束在更新世及全新世初期（约前 12000 ～ 前 8000 年）。从我们处理的数据，似乎那时人群聚集并不是为了狩猎，尽管它属于一个狩猎和采集时期（E. 阿纳蒂，1986 年）。

前面象形文字说的四个不同的表现内容题材代表着整个年代段的利益范围。四个不同的表现内容题材的数量比例是重要的，不同的图像从一个时期到另一个时期变化有很明显的周期。在某些情况下，拟人型的人神同形象大量的出现，而其他大多数情况下，他们可能实际上是缺席的。同样的情况发生在其他三个不同的表现内容题材：兽形、地势和工具。在梵尔卡莫尼卡有丰富的序列（意大利），四大不同的表现内容题材的百分比各时期有急剧变化。同样，塞米诺尔的序列是正确的，在德克萨斯的坎宁，在西伯利亚的叶塞尼，和在阿尔及利亚撒哈拉的序列也是如此。

同样，在岩画的各种类型的内容、象形、表意文字和心理记录，三种类型主题之间的频繁关联是普遍存在的。早期猎人的时候就是如此（图 40）。但当场景成为句法关联的主要类型时，心理记录趋于消失。在进化的猎人和牧民的岩画中，象形字是主导的形式。在复杂经济的人群的岩画中，表意字也是常见的。在某些情况下，它们远比象形字更多（图 41）。

图 41　加拿大不列颠哥伦比亚复杂经济时期岩画并使用金属器

十 范 式

在上述类别中的每一个元素存在，我们称之为"范式"。我们看到了世界各地重复的这些模式。

每种岩画都有自己的偏好，洞穴，住所或露天岩石表面。还有地表条件的偏好是横、斜、垂直落地或天花板。所有的，他们对条件似乎有精确的选择，在这些表面上完成绘画或雕刻。选择的表面的颜色和形式，似乎意味着有某种特点支持，或背景也已考虑到创作者的岩画之中了。

岩画的每一个组合似乎是艺术家选择的地方，表面装饰的选择，根据经常性人群的准则。通常指这种选择是普遍存在的。

（1）地点的选择：

① 露天的岩石；② 岩石庇护所（岩画可见自然光）；③ 深邃的洞窟（岩画不见自然光的）。

（2）岩石表面

① 垂直；② 倾斜；③ 水平的地面；④ 水平的天花板。

（3）作画岩石的表面

① 表面完全扁平；② 只有定向照明的表面的形状；③ 由天然光线见到的自然形状。

从随机抽取的 1000 个样品看来，符合重复法则的占很高的比例（绘画和雕刻占 85%）可以作为经常性的准则，但存在例外的需要解释。

在许多情况下，精确的技术方法似乎已被用于对绘画、雕刻、琢、涂鸦各种制作方法的研究，或为各种作品做保护工作。某些岩画技术是广泛的，在不重复的世界似乎反映了文化适应性或扩散的过程。一些基本的颜色遍布于世界各地被用于岩画制作，红色是迄今为止所有大陆的岩画最常见的颜色。

我们可以推断，即使在不同人群之间有相对通信的情况下，岩画这种类似的结果也不能在遥远的地方达到。因此，是一个问题在所有情况下的外部影响，我们假设其存在是有限的。这些范式使我们与我们自己的记忆和经验相结合，并可能会打开一个对人类思维理解的新道路。

在欧洲、亚洲、非洲、美洲和澳大利亚，岩画点图像数字的范围可能会被发现。某些方面的环境、经济和社会生活可能也会逐步揭示出来。只要进入艺术家的专题研究，对艺术家，猎人或其他方式有所了解，我们可以看出他们在各方面是做出了精确的选择。在他们选择的主题方面说明，虽然他们没有油画或雕刻那些多样的主题，但他们也只能如此。

有时我们会找到在主题方面的偏好，动物大量的表现（图42），有大有小，有真实动物那么大的，这么大的动物图像几乎只有狩猎者时期才有。牧民时期，他们只能找到在今天在沙漠的某些区域才有的动物，尤其是在阿拉伯和非洲撒哈拉。在那里，饲养者也在练习打猎。大型动物的图像在复杂经济类型的岩画中是极为罕见的。另一方面，也有其他阶段，在早期和进化的猎人，艺术中的大小，甚至小型动物的图像也被发现。另一个有趣的现象是大型动物图像流行的时候，人物图像是罕见的，但一般动物对拟人型、人神同形型等的比例是比较高的。

图42　《猎牛》　南非岩画

在岩画中，先是原发性和继发性的题材被发现，有一个初步的选择，然后是小题材并有重复性的因素，这样才有表意文字和象形文字的出现，常说动物是最普通代表，在欧洲旧石器时代艺术和世界各地一样，动物是早期猎人岩画的主要特征。然而，相反的是孤立的动物的形象几乎是不存在的。动物几乎总是伴随着表意文字。常见的动物由于他们的大小占据着画面的最大空间，但符号（表意文字）的多样和变化，在数量上说它们经常超过一些动物的形象，而且一般是伴随在动物的周围并与之相关联的。

动物，像其他的人物，无论是在史前的艺术和现代的部落艺术，往往具有隐喻意义。他们可能有一个图腾的意义，代表部落群体或某种特定的东西，或代表质量或属性。我们知道，一个美国印第安人群用一个分叉的舌头的蛇表示一个骗子。即使在我们目前的语言，也常常用动物来代表质量和属性。例如，他是一个男人，则用狗、猪、鲨鱼、狮子、鹰、豺、猴子、蛇、鸡表示；她是一个女人，则用大象、猫、鸟、兔子、婊子、大鼠、蝴蝶等等表示。

神话，在全世界都有许多相似的东西，包括动物。鹿总是阴间送信的使者，而鸽子则是天上送信的使者，蝎子是邪恶和蛇则作为诱惑者，这种隐喻在欧洲已有几个世纪。在中国的青蛙作为勇气，或在西伯利亚麋鹿象征富足，这些都有可能追溯到史前的起源。这样的比喻是不同地区的人们使用。世界各地不同的文化和不同的语言，他们很可能有一种互相关联过程的原始的来源。

作为已经被 A. 拉明（A. Laming，1962 年）和 A. 莱洛古尔汗（A. Leroi Gourhan，1965 年）带来的证据，在西欧旧石器时代洞穴艺术中，常常发现有不同种类的动物形象是相互关联的。有两个动物物种，野牛和马，这是比别的动物更频繁地代表一前一后成为岩画的题材；也就是说，它们是优于其他的动物，反复比较中，似乎意味着一种辩证法很具体的体现。

在坦桑尼亚，早期猎人艺术包含了大象和长颈鹿，扮演类似的角色，它们是在与其他动物数量比例方面相协调的。如在欧洲，马和野牛，它们经常是相互关联的，是目前最常用的具有代表性的动物（E. 阿纳蒂，1986 年）。很可能它们与坦桑尼亚早期猎人艺术包含大象和长颈鹿扮演同样的角色。马和野牛代表着法兰克—坎塔布利亚（Franco-Cantabrian）的心态，这些都是另一个范式的前提。在艺术中，猎人们在处理它们之间的辩证关系，但占主导地位的都是动物。

作为结合 A. 拉明和 A. 莱洛古尔汗的意思，此前提出的一种男女关系的相互表示，男性或雄性与某种动物属性存在联系，别的女性或雌性则有其他的属性。此外，其他理论已经被提出，但一直没有达成最终的结论。他们反映的是二元关系的隐喻。不管情况可能是什么，都可以毫无疑问地说欧洲马和野牛组合所给出的语法和句法，与非洲大象和长颈鹿组合相类似。因此，它们可能也反映了概念上的类比。

这种范式似乎揭示了逻辑常数的存在，这项研究可能会导致研究的深入。如果我们进行了详细的分析，在全世界范围内有很大的进步，可以作为学习范式的先河。它开发了一个系统的分析，界定了相互关系尤为重要，成分和场景；就是说关系式即使是一个字和另一个字可以给出它们的上下文。这将提供关于思维和概念的动态结合的一些迹象（图 43）。

图 43　粮食经济生产者的面具和精神的岩画

加拿大，不列颠哥伦比亚岩画。当地的部落用木材制作类似的面具，在宗教仪式的表演中，已经存在好几代了。他们的传统仍被坚持着。在中国北部的岩画和西伯利亚粮食经济生产者的面具和岩画中类似的面具或面具人物也被描绘。这些图像也出现在西伯利亚东部的那些陶瓷的装饰上，属于距今 7000～5000 年的新石器时代文化。

十一 原 型

在进化的猎人艺术中有常见的场景，如狩猎场景、跳舞的场景或战争和其他社会事件。在早期的猎人艺术中，似乎没有任何这种艺术性的描述场景，无论是在欧洲或其他地方。如果确实有描述的场景存在，但我们还没有发现。然而，图像之间的关联确实存在，它们可能代表某些隐喻的场景。他们的概念结构，在任何情况下，是一个心理过程，现在已被淹没在城市社会的观念中了。这适用于所有的大洲，这是一个有趣的心理现象。

有某些类型的关联，在不同的区域彼此相似。象形文字和表意文字之间的关联是在世界各地的猎人的艺术呈现。一个动物已被添加在一个特定的方式，并在其他相关的符号或有数字意义的背景下，不一定反映一个自然的现实，那是我们今天思维的想法。动物是在类似的关系中被反复发现，按照规则它们是有意义的，但不符合我们的当代文化的组成和愿景。

在大多数的早期猎人的艺术岩画往往没有明显的一个基础的"概念"或"地平面"。大量的动物被放置在洞穴的墙壁上或岩石表面，仿佛是存在或悬浮在空中。经常被问道，如果他们是动物的灵魂，而不是动物本身，这样理解可以吗？我们发现这在欧洲以及坦桑尼亚、澳大利亚和别的地方都有这种情况。

动物和符号之间的关系出现在所有早期的狩猎群体的岩画中；动物为题材，与表意文字（符号）作为一种逻辑推理围绕着他们。随着进化猎人的岩画中出现了场景，表现出完全不同的心态。根据他们的思维方式的演变，猎人们会在画面上出现叙事，有更多的自然特征，抽象的东西却少了。但是，是否可以说，考虑早期的猎人的心态则更为抽象的，具有自然特征更少的？传统可能会在某一点上被打破，这是新的开始。然而两者之间的过渡是演变的是渐进的，因此，我们可能会检测到它们的过渡阶段。

在这个过程中我们可以抓住一瞬间，那是认知机制的变化。一个可能的假设是，在视觉艺术的风格和关联的变化，说明是认知的变化；反过来又体现在优先选择的变化过程。这个假设可以适用于各种艺术，包括舞蹈和音乐，各大洲和所有时期。

从主题学分析，形象、符号、字素和模式等等是构成岩画的语法，图像是概念和句子中的字，组合成词语和概念。单独的图像是罕见的，在一次会话中单立的字也是罕见的。在岩画中也有一组图像反映系统的关联，我们可能会称其为语法。他们由分组的图像组成，或就像今天的语言，由口语和书面语中使用的字排列而成。这里可能隐藏着阅读岩画的关键，就是隐藏在这里的普遍特征的思想，至少一个序列的排列在语言学上的限制是难以超越的。因此，这里逻辑原型的存在可能是假设。但这是一个未来的认识基础，通过岩画我们可以认识到一些人的基本要素。

在所有的时代，读句子中的每个单字，不看句子有语法意义和逻辑句法，要读懂句子这不是一个容易的任务。因为有叠加，复合材料整合与认知的积累，是在时间过程中的。有时这个过程是非常复杂的。看画面，我们可以发现，只有三个图像，开始两只动物一前一后，伴随着另一个表意符号；而2000年后，另一个也就是第四图像可能已添加上了。所以原始的关联应该被挑出来，重复的元素验证，模拟研究和比较的研究应以评估是否有偶然的或故意的叠加。

在许多情况下，积累的痕迹似乎是故意的，即使他们是从不同的时期。其他人似乎不是故意的，或至少是辨认出是这样的。在这种情况下，我们经常发现语言是由那些符号的字母，有时以前可能把岩石的自然形状视为支持部分的表达，这些可能已经被认为是否在使用叠加关系。

如果，另一方面，继续分析个别的字不看语境和关联，每个人物都是与别人分离的。它会像读一个句子中的每个单字而不看句子有语法常识和逻辑句法一样。解读岩画不是一个简单的事情，因为有叠加，只是分别读一个句子中的每个单字，不看句子有语法常识和逻辑句法，就不会知道组成句子在时间过程中的联想和认知积累。有时这个过程是非常复杂的。如前面所说，看着画面我们可以发现，只有三个形象，开始两只动物一前一后，和伴随着一个表意符号。此后，后几代人的另一个人物加入，或别的标志也可能又添加进来了。早期的关联应该被挑出来，后来的元素要加以验证，分析概念和比较进行研究，以评估是否由偶然的或故意的叠加（图44）。

图44　南非进化了的狩猎者岩画

南非，纳达尔德拉肯斯堡（Natal Drakensberg），巨人堡（Giant's Castle），费基岩洞（Fergie Cave）。进化了的狩猎者的岩画中讲述的一个故事。上半部的图中，两个人在剥羚羊皮，而另一个戴面具的人在离开。在下半部分的图中，两个人正在说话，其中一个人手里举着小棒的那个的头跟身体分开了，鬼魂附身的状态或与精灵交流的状态，这个人正在指点或通报一个戴面具的男人。左边的那个人有弓和翅膀。那个戴面具的男人走的方向好像在表示这个故事的顺序。

在许多句子的标志出现许多不同的情况，即使他们来自不同的时期，有的是故意的。其他出现不是故意的，但我们在研究的时候至少是要辨认出是这样的。这些迹象有时前面的字母已经可以考虑是后一部分的支持，如岩石的自然形状。这些可能已被利用或并不与叠加描述字形有什么的关联。

以上的特点，在西班牙的黎梵特、意大利的梵尔卡莫尼卡、赞比亚，印度的中央邦，或在法国和西班牙的旧石器时代的洞穴崖壁画中都存在。在这些岩画里，一种语言被发现，这种语言涉及图像的通用性，或涉及一个普遍性的原型。省略的特点也存在，我们称之为"方言"，当然是容易，常常会把方言自然当成为不懂的语言。然而，我们越来越意识到，普遍范式和原型在所有的艺术中都在占据着极其相关的地位。

十二　尝试以世界的视野

一定的特征序列已在撒哈拉、坦桑尼亚出现。还有尼罗河谷，近东，在印度中央邦，俄罗斯、中亚和其他地方也是如此。上面提到的四种类型：早期的猎人、进化的猎人、动物饲养者和复杂的经济团体等通常是在相同的顺序上出现。然而在澳大利亚，动物饲养的岩石艺术尚未被发现。澳大利亚的序列主要是由各地的古代狩猎者，在进化的猎人是在北部零星的地区发生。复杂的经济范畴的代表很少，仅在最近。

南非主要的岩画区早期狩猎者只有很少的证据。而它们的出现在遥远的北部，纳尼比亚、津巴布韦和坦桑尼亚。最伟大的艺术活动就是这个区域，（可能是迄今为止世界上已知的最丰富的岩画艺术）出现在大约13000 年前进化的猎人时期。他们保持相同的视觉语言直到 20 世纪才有些许的改变。动物饲养的育种者和复杂的经济组织也存在。岩画显示这些牧民和早期的农业人口、在大部分领土进化的猎人，他们的生活方式都持续存在着。

在坦桑尼亚，在早期狩猎者期间我们找到了一个短时期的所谓素食文化的存在。其经济基础是水果和浆果的采集。丰富的植物元素集中在这个阶段，他们在其他时期则不是这样的。动物和拟人化、人神同形的形象被描述为怪物。拟人化的特点是人类有动物的特征。类似的创意情节发生在其他地方。在中央撒哈拉岩画的同一类型的岩画，似乎是一个人群的生活方式，他们的生存很大程度上取决于采集和很有可能广泛使用药物。类似的现象是公认的皮可斯（Pecos）沿岸和塞米诺尔峡谷在德克萨斯。按时间顺序，在这里提到这些地区的发展阶段是在早期猎人的和进化的猎人之间，虽然绝对年代的变化，是从一个地区到另一个地区而不同的。

在近东沙漠岩画中显示零星复杂的经济关系的例子，也就是说，食品生产商和农学家。内盖夫沙漠甚至有一个雕刻的犁。这是罗马时期的一个短暂插曲；重叠和叠加的地层显示之前和之后的艺术家是牧民。在自己遗存的一些图像表明，一个复杂的经济存在并不总是意味着一个新时代的开始。岩画艺术确实提供了部分历史，虽然我们不得不承认，历史并不总是那么简单和线性，如我们所希望的那样。

食物，性和对生存的防御，对于任何时代、任何人种，这些都是人类这个物种在岩画中最常见的表达的主要问题（E. 阿纳蒂，1992年）。在岩石艺术比较研究中的一系列元素被列出来。现在有必要根据我们的零星的知识，通过检查，识别出哪些元素是一种普遍的，哪些是地区性的。

当一个复杂的经济体存在时，"地方特色"变得越来越普遍。虽然当地的变种的含义必须考虑，但是普遍的范式在狩猎种群的艺术中占上风。显然要在澳大利亚岩画中找到马驼，或在阿根廷岩画中找到袋鼠是不可能的。但在一般的框架内，我们看到动物的主题在世界各地的不同地区有不同的物种，却有着相同的价值观和类似的隐喻。也就是说世界不同地区不同物种有相似的价值观和相似的隐喻。对于普遍范式存在的最明显的证据是，发现了世界的表意文字作为普遍的基础，诸如女性生殖器、阴茎、十字、棒状、椭圆形、杯状小圆穴、手印、脚印和动物的足迹等，都是发现在旧石器时代的欧洲，以及在早期猎人的背景下，在所有大陆的岩画都有发现。

早期猎人的艺术似乎有广泛的普遍特征，在题材、类型的关联和风格趋势上进化了的猎人却有着更多的地方特点。当真正通天的巴别塔应运而生时（《圣经》中说：上帝使人类说不同语言，以致巴别塔建造失败，人类从此各奔东西。译者注）正是狩猎采集时代的结束。正如我们所知道的，这发生在不同的日期。在近东的部分地区，复杂的经济体的食品生产于 10000 年前，在世界的一些角落也有同样的发现。

艺术，像其他文化一样，变得越来越受周围的影响。然而，最明显的是岩画发现后，在各地有许多方面的共同点。在许多事实上，正如我们已经看到的，有类似的类型、科目的选择，关系的类型，常采用某些色彩的偏好，重复或某些岩石表面的环境等等。

图 45　土耳其安纳托利亚岩刻

序列的叠加。两个女性的轮廓，一只四足动物，早期的猎人风格的其他特状。琢刻的动物图，进入了的猎人时期，非具象线条画。太阳圆盘线图，"蝴蝶"，斧头和早期农业的其他特征（作品属于铜石并用时代或青铜时代）。

　　我试图提出岩画研究的整体框架，该项工作正在进行中。它有必要阐述一种方法，需要更大的使用信息，这在几年前是不可想象的。岩画在全球范围内被视为一种现象，而不是一系列相互联系的地方性现象。延续的研究将使我们能够验证这种方法（图45）。

附录一　阿纳蒂对岩画的设想

1. 联想的逻辑联系着基本的人类发展过程，在整个人类的时代，他们获得了基本行为的模式。

2. 普遍的生活方式，影响着行为、习惯、思想、意识形态、联想过程，以至艺术的表现。

3. 岩画艺术是一种非城市化、非文字化的社会现象。

4. 在所有的调查区域有大量集中的岩画点，它却并不一定反映一个类似的人口的密度。

5. 四种类型岩画中的每一类（分别代表着作品的生产方式，早期的猎人，进化的猎人，牧民和一个复杂经济的人群）显示一个特定类型范围的主题，反复出现在各大洲的岩画艺术。

6. 三种内容的图像表达可以发现彼此语法的不同。它们是象形、表意文字和心理记录。

7. 联想性和常数似乎表明存在一些表意文字的传统观念。

8. 在文字发生前的岩画艺术，象形文字有四个主题：① 拟人化；② 动物形；③ 地形；④ 工具和武器。

9. 表意文字的意义可以追溯到一个通用的核心和一个通用模式。

10. 某些岩画的技术在世界各地广泛地重复着，似乎没有反映文化适应性或扩散的过程。

11. 一些基本的色彩用于遍布世界各地的岩画，红色是迄今为止在所有大陆最常见的。

12. 即使不存在不同的人群之间有直接通信的情况下，在遥远的地方也达成了类似的结果。

13. 有重复元素，表意文字和象形文字，这似乎陪伴着占主导地位的人物或动物。

14. 在猎人的艺术中，有占主导地位的动物物种的存在与他们之间的辩证关系。

15. 视觉艺术中的风格和关联的变化，说明人类变化的认知过程，而这变化又是反映在主题优先次序的选择。

16. 逻辑原型的存在可能是假定。

17. 通过岩画我们可以认识到人类认知动力的基本元素。

附录二　世界岩画主要书目

ANATI E.（阿纳蒂）

1. 1970 – The Rock Engravings of Dahthami Wells in Central Arabia, BCSP, vol. 5.

2. 1976 – Evolution cnd Style in Comunion Rock Art, Capo di Ponte（Edizioni del Centro）.

3. 1979 – L'art rupestre du Neguev e del Sinal, Paris（L'Equerre）.

4. 1981 – The Origins of Art, Museum, vol. 33/4.

5. 1983 – Gli elementi fondomentoli dello culturc, Mi1ano（Jaca Book）.

6. 1984 – The State of Research in Rock Art, a World Report Presented to UNESCO, BCSP, vol. 2l, pp. 13 – 56.

7. 1986 – The Rock Art of Tanzania and The East African Sequence, BCSP, vol. 23, pp. 15 – 68.

8. 1989 – Origini dell àrte a della concettua, lità, Milano（Jaca Book）.

9. 1992 – Radici della Culture, Milano（Jaca Book）.

BAHN P. G.（皮艾）

10. 1991 – Pleistocene Images outside Europe, PPS, vol. 57/I, pp. 91 – 102.

BEDNARIK R. G.（贝纳里克）

11. 1992 – The Palaeolithic Art Of Asia. In S. Goldsmith, S. Garvie, D. Selin and J. Smith（eds）, Ancient Images Ancient Thought：the Archaeology of

Ideology, pp. 383 – 390. Proceedings of the 23rd Annual Chacmool Conference, University of Calgary.

BELTRAN A. (皮尔格里)

12. 1988 – L'art preéhistorique Espagnol: nouveaux horizons et problèmes. Etat de la question, BCSP, vol. 24, pp. 13 – 44.

BREUIL H. (皮里儿)

13. 1952 – Quatre cents siècies d'art parietal, Montignac (Centre d'etudes et de documentation).

CHALOUPKA G. (恰洛皮卡)

14. 1984 – From Paleoart to Casuol Paintings, Darwin (N. T, Museum of Arts and Sciences).

CHEN Zhao – F. (陈兆复)

15. 1988 – Arte rupestre preistorica in Cina, Milano (Jaca Book).

CLEGG J (克里格)

16. 1983 – Australian Rock Art and Archaeology, BCSP, vol. 20, pp. 55 – 80.

GRANT C. (格拉特)

17. 1983 – The Rock Art of the North American Indians, Cambridge (CUP).

HOLM E. (霍尔姆)

18. 1984 – Rock Art of the Matopos, BCSP, vol. 21, pp. 57 – 74.

KEYSER J. D. (克雅塞)

19. 1991 – Rock Art of North American Northwestern Plains: An Overview, BCSP, vol. 25 – 26, pp. 101 – 124.

KUSCH H. (柯斯克)

20. 1986 – Rock Art Discovcries in Southeast Asia: a Historical Summary, BC-

SP, vol. 23, pp. 99 – 108.

LAMING A. (拉米)

21. 1962 – La signification de l'art rupestre pclèolfthigue, Paris (Picard).

LEROI – GOURHAN A. (各尔罕)

22. 1965 – Préhistoire de de l'art occidentale, Paris (Mazenod).

23. 1982 – The Down of European Art, Cambridge (CUP).

LEWIS – WILLIAMS J. D (维拉姆斯)

24. 1983 – The Rock Art of Southern Africa, Cambridge (CUP).

LOMMEL A. (洛每尔)

25. 1970 – Shamanism: The Beginning of Art, Current Anthropology, vol. 11/ 1, pp. 39 – 48.

LUQUET G. H. (刘维特)

26. 1926 – L'art et la Religion des Hommes Fossiles, Paris (Masson).

MARSHACK A. (马萧克)

27. 1972 – The Roots of Civilization, New York (McGraw-Hill).

MORI F. (莫里)

28. 1970 – Proposition d'une chronologie de l'art rupestre du Sahara d'après les fouilles du Tadrart Acacus (Sahara Libyen), in E. Anati (ed.), Volco- monica. mposium 1968, pp. 345 – 356.

29. 1991 – La Fonction Sacrale Des Arbisà Peintures Dans Le Massifs Cen- traux du Sahara: L' Acacus. Estratto da Origini, Preistorio e Pro Dello Civilto Antiche, vol. XV, 1991.

OKLADNIKOV A. P. (阿克拉德尼柯夫)

30. 1966 – Petraglyphi Angari, Moskwa (Akademya Nauk SSSR).

PATTERSON – RUDOLPH Carol(卡洛尔)

31. 1990 – Petroglyphs & Pueblo Miyths of the Rio Grande , Albuquerque , NM (Avanyu).

SCHOBINGER J. &C. J , CRADIN(斯得宾格、克拉汀)

32. 1985 – L'arte rupestre delle Ande e della Patagontia , Milano(Jaca).

SMITS L. A. (斯米特斯)

33. 1988 – Recording and Deciphering of Rock Paintings in Lesotho , BCSP , vol. 24 , pp. 93 – 99.

WAKANKAR V. S(维卡卡儿)

34. 1983 – The Oldest Works of Art′ Science Today , April 1983 , pp. 43 – 48.

WELLMAN C. (维尔玛)

35. 1979 – A Survey of North American Indian Rock Art , Graz (Akademische Druck).

WENDT W. E. (维弟特)

36. 1976 – Art Moblier′ from the Apollo Ⅱ Cavc , Southwest Africa : Africa's Oldest Dated Works of Art , South African Archaeological Bulletin , vol. 31 , pp. 5 – 11.

——译自卡莫诺史前研究中心学报《BCSP》，第 27 期。

附录三　《世界岩画·作者致谢》

本出版物是旨在展示世界岩画数据库的初步结果。此项目从 1982 年就已经在筹备之中，以 WARA（世界岩画档案）为名。这个项目最初是为了完成联合国教科文组织所委任的对"岩画研究状况"进行汇编的目的。它是联合国教科文组织信息存储和检索（ISAR of UNESCO）、弗朗西斯·来布兰斯（Francois Leblance）、国际纪念碑和遗址委员会秘书处主管、国际博协全体秘书处和本书作者、国际古迹遗址理事会国际岩画委员会主席合作而成的。在《岩画研究状况》出版后（1984），WARA 在卡莫诺史研究中心成立并发展，感谢来自五大洲的同事做出的贡献，致上我们所有的谢意。

特别感谢已故的西班牙扎拉贡扎（Zaragoza）大学人文学院前院长安托尼奥·贝尔特朗教授，北京中央民族大学中国岩画研究中心陈兆复教授，我的继任者、国际岩画协会主席、法国基恩·克洛兹博士，瑞典哥德保（Gothenborg）大学加尔·诺德布拉达博士，阿根廷曼多萨（Mendoza）大学朱安，斯柯教授，雷修（Lesotho）罗马大学卢卡斯·斯密斯博士、艾米图斯教授，挪威特罗德海姆（Trondheim）大学凯断，索格内斯博士，已故的印度易加阴（Yjjain）大学教授维希努·瓦坎卡尔。

1988 年，哈卡（Jaca）出版社主席桑特，邦诺力博士，委托编写了 Origini dell Arte a della Concettualita 一书，之后 1989 年，这本书在意大利、法国和德国出版。这本书的汇编允许我收集了狩猎者—采集者岩画的世界数据。1993 年，另一本岩画研究现状受 ICOMOS 委托编写，并且一种新的资料整合成为必要。这些经历已经成为这项工作得以进行的关键。

　　本书是根据在意大利莱切大学系列讲座整理集合而成的，基本上来说，是对 1983 年和 1993 年两份世界报告主要成果的更详尽深入的说明。写于意大利和巴黎。

论欧洲

Anati
on
Rock Art

欧洲岩画艺术的比较研究

佚名　译

一　比较研究的范围

　　岩画艺术是人类行为的反映，这在以往的研究中已经得到了证明，全世界各大洲无一例外地都存在着重要的岩画点，因此也都出现相类似的如何研究的问题。

　　对岩画进行比较研究，已成为研究岩画艺术的重要方法。它可以在各地区、各大洲乃至在全球范围内进行。这在很大程度上取决于研究者掌握的数据库的规模、地理范围以及所研究对象。

　　比较研究的内容应该包括许多方面，诸如岩画的类型、风格特征、岩画点所处地理条件以及生态环境等诸因素。

　　岩画一般在三种地方发现，洞窟、岩石遮蔽处、露天崖壁。岩画出现在这些地方是有其社会原因的。那些用绘画装饰的洞窟深处也好，刻画的前方有宽阔露天场地的岩石遮蔽处也好，或描绘在露天岩面上也好，这些岩画点的选择都说明与岩画艺术有关的不同规模的人类群体的情况，也说明岩画艺术本身具有一定的社会作用，以及与岩画艺术产生和发展相关的社会事件。

　　不同类型的岩画艺术出现在不同的地区和不同的时期，在艺术形式上有绘画、雕刻、浮雕、线刻等，在不同的地区，并有其不同的分布。

　　岩画在欧洲可分为两个时期，早期是始于旧石器时代，一直延续到中石器时代，属于狩猎艺术；晚期是由从事复杂经济活动的人群所创造，从中石器时代开始一直延续到有文字的历史时代。这种划分可能显得有些复杂，但对于研究工作可以提供一个有益的线索。

艺术是晚期智人创造出来的，岩画也反映出智人的特定的思想方式。在 35000 年前，晚期智人可能将艺术思想和艺术方法带到欧洲，现在几种主要的艺术类型已经得到认可，其产生的时间也已得到确定。旧石器时代的岩画，其延续的时期约有 25000 年之久。

二　狩猎艺术

在欧洲早期狩猎时期的岩画艺术，主要出现在洞窟，当然也不仅限于洞窟。岩画艺术的中心是在法国的南部和西班牙北部的法兰克—坎塔布利亚地区。在法国、西班牙的其他地区也有岩画存在。另外，在意大利、罗马尼亚、葡萄牙和乌拉尔山的卡罗瓦洞窟内也发现有岩画。在欧洲，约有 170 个属于旧石器时代的后期洞窟岩画点，其中有 100 个位于法国，50 个位于西班牙，在这些岩画点中既有绘画也有雕刻。

对这些岩画进行系统地综合分析之后，可以看到这类岩画的主题是动物和符号。根据其主要内容可以分为以下五种题材：① 拟人形；② 动物形；③ 建筑和地形；④ 工具和物件；⑤ 几何图形和图形字母。但是这五种题材各自所占的数量和比重是不同的。拟人形这个主题相对来说要少些，所占画面也远远少于动物形。从这些岩画点看，画面数量以及在画面所占的位置重要性，都以动物形为最。而反映地形和建筑的岩画极少，有时还辨别不清。工具和武器亦是如此。几何形和符号是属于抽象的表意的图形，也是不多见，并且又常与动物联系在一起。

特定的艺术样式比其他更具有地方性，主要的岩画点也是具有地区色彩的，特定的图形或风格类型往往限于特定的地区，而其他类型的岩画则在欧洲各地都有，所有这些都应该含有一定的意义。狩猎艺术的高级阶段，相当于马德林文化期（距今 16000～10000 年前），这时期的岩画彩绘技法水平很高，作品主要集中在极有限的地区，这是为什么？为什么只是在这里出现，而其他地区却没有？

　　到 20 世纪，人们对欧洲旧石器时代洞窟艺术作了深入研究，这种艺术的传播程度和介绍这种艺术的著作，也远比世界其他地区多。现在，全世界有相当一部分岩画专家从事对这个时期艺术的研究工作，实际上它是西方文化的基本部分（图46）。对它的研究无疑有助于深入考察欧洲文明的根。法兰克—坎塔布利亚地区艺术中的这些杰作，使我们20 世纪的人都感到特别谐调和精美。但是，从世界范围来看，还存在与法兰克—坎塔布利亚地区岩画同时代的其他重要岩画群，它们对于世界历史的发展具有同样重要的贡献，同样有助于理解晚期智人的思想活动。

图46　西班牙洞窟壁画　早期狩猎者岩画

　　但是，对全世界早期狩猎艺术的各方面进行比较研究，无疑也有利于更好地理解欧洲岩画艺术。

　　欧洲洞窟艺术属于旧石器时代晚期的狩猎社会的艺术形式，在后来的时期很少再出现了（图47）。

　　狩猎社会后期的岩画艺术除了动物形象外，还包括众多的简单符号，还有那些可能属于形象字母的简图阶段。它存在于旧石器时代的

图 47 《中矢的野牛》 法国尼奥洞窟岩画

晚期到新石器时代，主要发现于西部地中海地区，在西班牙、法国和意大利。有几种具有地方风格的岩画，如同迷宫一样的图案、线条、符号和其他，它们似乎与数字有关，具有特殊的价值。在 11000 ~ 8000 年之前这段时期，包括意大利的罗曼尼里安的岩画艺术和西班牙及法国南部的拉克西风格的岩刻。类似的岩画还发现于地中海沿岸的土耳其、以色列、摩洛哥、阿尔及利亚。

这类岩画点的地层与人类的生活场所以及物质文化有关，因为可以找到有关的考古证明。岩画似乎反映了一种独特的生活方式和经济方式，反映了以捕猎软体动物和其他浅水生物为主的生活方式。岩画的艺术形式与居住地考古发掘出来的遗物之间，存在着有机的联系，这不仅体现在欧洲，也体现在北非和中近东地区的岩画艺术中。

晚期从事狩猎的人群继续生存在斯堪的纳维亚半岛，甚至更北的北极圈。这一广大的地区内，保存有他们制作的露天岩刻，即使是在欧洲其他的周边地区也遗存有他们制作的岩画点。通过比较研究发现，在各个时期和各个地区都存在着这种带有普遍性的情况，那就是一种有古老特色的风格往往保留在边缘地区或外围地区。形成这种格局的因素可能有两个：一是居住在边缘地区的民族可能是较为保守；二是更为保守的民族可能被赶到外围地区。

意大利梵尔卡莫尼卡岩画和奥地利托茨盖伯奇的阿尔卑斯山一带的露天岩画艺术起源于中石器时代，其艺术形式与卡莫尼安风格相近，这些表现狩猎人群的岩画反映旧石器时代后期的艺术风格，它与北欧斯堪的纳维亚半岛的狩猎人群的岩画艺术相仿，与西班牙加里西亚的早期岩刻也有相似之处。有趣的是，所有的报道发现这些艺术风格的地区都属于外围和周边地区。

三 混合经济社会的艺术

第二阶段的欧洲岩画艺术是生活于混合经济方式中的民族的艺术，它经历过一个逐渐发展的过程，这时法兰克—坎塔布利亚地区艺术已经到达它的末期，混合经济社会的岩画艺术其特点是露天岩刻，遍布许多欧洲国家。

这个史前时代岩画艺术的第二阶段，它的中心点位于欧洲南部伊比利安半岛，如西班牙（图48）、葡萄牙，法国南部，阿尔卑斯山区（包括法国、瑞士、意大利和奥地利），意大利的南部和斯堪的纳维亚半岛上的诸国，如瑞典、挪威（图49）、丹麦、荷兰，还有苏联的卡累里亚，此外，爱尔兰、苏格兰、南斯拉夫、保加利亚、阿尔及利亚、希腊也有一些重要的岩画点。

图48 《两个妇女》 西班牙黎凡特岩画

图49 围猎图岩画的局部 挪威阿尔塔

这时期，开始了驯化动物和从事原始农业，从而人物开始成为岩画的首要题材。继卡莫尼安风格之后，在阿尔卑斯山区出现两种新石器时代艺术形式Ⅰ和Ⅱ。

从这时起，在欧洲地中海一带和北欧诸国，可能出现了各自地方性的风格并行地发展着。在意大利阿尔卑斯山的梵尔卡莫尼卡和瑞典西海岸的波罕斯浪之间出现了岩画艺术风格相近的情况，从而引起许多的问题。

在几乎整个欧洲随着罗马帝国的到来，岩画艺术实际上消失了，只有在个别的地区，这一艺术的传统得以保留，或是在中世纪加以更新。在梵尔卡莫尼卡和南部斯堪的纳维亚半岛就出现了更为完善的艺术形式。

据 Y·萨瓦提耶夫的报告在苏联国土的欧洲部分卡莱里，在奥涅加湖岸和拉格达湖岸，以及白海沿岸都发现了重要岩画点。另外几位学者也报告说曾在伏尔加河谷以及高加索的格鲁吉亚、亚美尼亚和阿塞拜疆也发现了岩画点。贾法德研究发现从公元前8000年开始直到中世纪，在里海西南沿岸附近的戈布斯坦发展着一种有意义的、未曾中断过的岩画艺术系列。这个系列在旧石器时代以后继续发展了这么长的时间，这种情况目前只有在意大利梵尔卡莫尼卡岩画和瑞典、挪威的部分岩画点才有可能找到。

意大利梵尔卡莫尼卡是目前欧洲岩画艺术最为丰富的地区，无论从它的数量，风格的多样性，延续时间之久和范围的广泛，都是当推首位的，主要的六个岩画类型，其前后发展的时间约1万年，贯穿整个全新世时期，在这个山谷中可以看到各个时期岩画艺术的典型作品，其中最早的作品是由冰川时代一结束，便到达这里的阿尔卑斯山地区狩猎部落创造的；还有些属于罗马帝国建立时期的艺术，有些甚至属于中世纪时期的作品。

如上所述，意大利梵尔卡莫尼卡岩画艺术最早的属于卡莫尼安风格，梵尔卡莫尼卡第Ⅰ期和第Ⅱ期艺术形式均属新石器时代，可以追溯到公元前5000~4000年间。它的第Ⅲ/A类形式始于金石并用时期（或铜器时代），贯穿于公元前第3个千年。第Ⅲ/B~D期的艺术形式存在于青铜器时代，贯穿于公元前第2个千年。第Ⅳ期开始于青铜器时代末，继续到整个铁器时代，相当于公元前第1个千年。后卡莫尼安时期，从罗马帝国时期到中世纪，意大利梵尔卡莫尼卡各个时期的岩画艺术在形式和风格上都有根本的不同。

四　对样式的探讨

从岩画艺术的风格和类型的连续性诸方面看，意大利梵尔卡莫尼卡、苏联戈布斯坦和北欧斯堪的纳维亚半岛等欧洲的几个角落的岩画艺术是平行地发展着的，通过比较研究有助于我们理解这种现象性的样式。

每个地区的岩画艺术都有一系列的发展时期，而每个时期都有自己独特的面貌和类型的特点。但是，其基本类型的主要系列是狩猎者时期岩画艺术的继续。实际上，全世界大多数岩画艺术都可以归纳为这样几个有限的题材：① 拟人形（图50）；② 动物形；③ 建筑、棚舍和地形；④ 工具和物件；⑤ 几何图形和图形文字。近代艺术的一些题材如风景、肖像、花卉和静物等，在岩画艺术中是看不到的。上面这几种岩画艺术的基本题材，它们的数量和重点则根据时间和地域的不同而变化着。在各个不同的时期，岩画艺术的题材集中于特定的内容，其原因通

图 50　瑞典塔努姆的岩石雕刻画

复合经济族群中女性的代表作。女性图案可通过其头发表现出来。从青铜时代起，她们的头发就比男性的要长一些。

过例子就可以说明的，但在某些情况下，由于地方性和其他特殊条件，这种情况也不是一成不变的。

我们可以假定：在某种社会和经济的情况下，出现某种图形。如果我们能够正确认识和运用比较研究的方法，则往往可以通过图形来推断当时社会经济的情况。

类型学是从事比较研究的首要基础，数量类型学可制作出各种图形数量的图表。它侧重于各个岩画点的群体，这对确定岩画艺术的样式有着关键的作用。为此目的，首先需要对有着不同发展阶段的岩画点进行年代的划分，对各个类型的岩画点做个别的分析。

五　岩画艺术的文法和句法

尽管在一群岩画点中，岩画艺术图式有多有少，一般可以见到三种类型的图式：象形图式、表意图式和情感图式。

象形图式（神话图式）的图形或题材是拟人形、动物像、工具和物件以及其他，都是真实的或想象中的东西，它们所反映的是前面所说的类型学中的前四种类型。

表意图式是一些重复的或组合的符号，包括箭形、矛形、锯齿形、圆形、螺旋形、生殖器的标志、手印、足印、辐射线圆盘、点和线等等，这类图形可以有着不同的含义。只有通过这类符号的组合，探索其间确定的含义，它与心理记录图式一样是属于前面所说过的类型学中的第五种。

心理记录图式所反映的既非物件也非符号，而是内在的东西，有时表现的似乎是身心的某种感受，诸如对爱与憎、明与暗、生与死、精力充沛与虚弱无力等。心理记录图式有其特定的表现形式，它的表现往往是没有重复的，它们在崖壁画中的表现多于在岩刻中的表现。

以上三种图式在全世界五大洲的视觉艺术中，任何时期都有表现，也同样表现于音乐与舞蹈，它们似乎是反映人类思维的一种手段。

类型学是岩画艺术的文法，每个象形图式、表意图式和心理记录图式等犹如每个句子中的单词，但是，表意图式与象形图式往往相关联，并且还可理解为它们是某种联合体的一部分。语法中还有句法，目前比较研究的实质任务是在句法中找到规律性，从而理解句子的含义，这样就在为理解岩画艺术方面开辟一个新天地。

各种图式的联系极为松散，可依时而变。大致可分成三种联系的形式：① 简单型；② 构图型；③ 场面型。场面型较为普遍，它存在于各期的岩画艺术之中，不过在狩猎阶段的岩画中很少见到，或在大多数的早期狩猎阶段的岩画点中就根本找不到。构图型的句法更为复杂，它在岩画艺术的后期阶段很少出现，但却普遍存在于原始农耕社会，在采集、狩猎岩画艺术中也曾有过。简单型却在这几个时期都有，不过它存在于采集狩猎时期的岩画中的数量最多。显然，这三种图式联系的存在，是各有其各自的道理的。

正如我已在其他的论著（如《艺术的起源》，1990 年出版）中分析过的那样，对各大洲，特别是非洲和亚洲的岩画艺术从概念上分为五个主要的互相连续的时期：① 早期狩猎；② 采集食物；③ 进化的狩猎；④ 牲畜饲养；⑤ 农业和多样化经济集体。因各个时期的岩画艺术所表现出来的共性问题已经在别处论述过了，本文不再论述。

在欧洲，存在着各个时期的岩画，其中早期狩猎和综合经济这两个时期尤为突出。

① 早期狩猎阶段，象形图式、表意图式和心理记录图式，在概念上是相联系的，但没有人物活动的场面以及弓和箭，是贯穿于旧石器时代的艺术。

② 采集阶段，出现有特点的表现算术关系的图形。西班牙、法国和意大利的一些新石器时代这个阶段岩画点，反映出主要依靠捕捉软体动物和浅水动物为生的经济方式。

③ 进化狩猎阶段，出现使用弓箭的狩猎场面。主要见于西班牙黎凡特崖壁画，西西里晚期阶段阿达拉岩刻以及苏联的卡莱时亚和布斯坦晚期狩猎文化的岩刻。

④ 饲养牲畜阶段，集中表现驯化动物的图形，大多有象征意义。西班牙和南部法国的一些晚期符号化图形岩画，反映了饲养牲畜人们的思想意识。

⑤ 混合经济阶段，神符、人和鬼神的日常生活。主要存在于欧洲各个时期，遍布于斯堪的纳维亚半岛、阿尔卑斯山、布斯坦、格鲁吉亚以及美国，可以看作是农业多样化经济的表现。

七 小 结

综上对欧洲岩画艺术的比较研究作了初步探讨，为我们展示了岩画艺术研究未来的前景，现在的趋势似乎可以促使我们对岩画艺术作出更加深入的研究。

至少已有两代人专门从事对岩画的考察，完成了取样、记述等项工作，对地方性的岩画作了比较性的研究取得了成果。现在面对的问题是"读"岩画艺术，通过对这门艺术的认识与理解，从而对整个人类的思维活动的逻辑功能有所了解。

　　这是晚期智人表现出的一种特性，这与晚期智人其他大多数行为一样，经过了长期的发展已达到现在的阶段。我们对岩画艺术的研究，有助于重新认识这个发展的过程。

　　——原发表于《91 国际岩画委员会年会暨宁夏国际岩画研讨会文集》，宁夏人民出版社，2000 年，第 414~422 页。

桥 头*

陈兆复 译

一 导 言

在公元前 16 年，罗马军团占领了梵尔卡莫尼卡（Valcamonica）。他们建立了自己的行政管理机构，这山谷变成罗马帝国的一部分。在这里，罗马人发现了一个称为卡莫尼（Camunian）的人们，于是，作为许多高山的部落中的一个，成为罗马帝国第一代皇帝奥古斯都的战利品，它的名字出现在被征服的部落的名单中。

然后，这些人们丢失了它们的自治，从那时起，几乎有 2000 年的时间，对罗马帝国前的卡莫尼人的情况一无所知。如果这些卡莫尼人没有留下他们最美的艺术遗产的话，那么对他们一无所知的情况还会继续下去。

卡莫尼人习惯于在岩石上从事雕刻和绘画。涂绘的岩画保存下来的很少，而雕刻的岩画却极好地保留下来了。在梵尔卡莫尼卡，已知有 130000 个岩刻的图像，形成欧洲史前艺术最大的集中点。超过四分之三的岩刻位于桥头（Capo di Ponte）附近的地方。

---

* 译者注：1986~1987 年，在卡莫诺史前研究中心时，阿纳蒂送给本人许多他自己的书，其中就有《桥头》这本小册子，主要介绍当地桥头这个村子和周围的岩画。每当翻阅这本小册子，就使我回想起当年在桥头生活和写作的情景。这个译本共分五个部分：导言、卡莫尼岩画的分布、一些主要的岩画图像、卡莫尼艺术的发展与断代、卡莫尼人们的起源和历史。此译本略有删节。

这些岩石雕刻品，比任何历史书都更多地阐明了，住在这个山谷中的史前人类的生活、事件、传统、信念、信仰，以及经济上的和社会方面的活动。他们发展了属于他们自己的品格和文化，直到罗马的鹰征服了他们，淹没了他们，破坏了他们的自治，同化了他们的哲学观念和生活方式。

在理论上说，罗马的到来标志着这山谷进入历史时期。但是，今天这些丰富的史前的雕刻品告诉我们，关于卡莫尼人 8000 年的历史。在某种程度上，是更其个人的、秘密的和充满细节的，比起该山谷从罗马征服到中世纪结束的记录，我们在岩刻中看到的要多得多了。

通过这些岩石雕刻品，今天我们所知道卡莫尼人的历史，超过任何其他欧洲的史前的人类；通过画面的无数细节，向我们显示了关于该高山民族在他们的文化被罗马文化所代替之前，关于这些区域本地原始人类的历史和起源，他们的生活和风俗。岩石图像告诉我们 8000 年重新发现的历史。

在该山谷中，这里带有千年传统的人群，他们也许把征服看作是一种更新。老传统那时被抛弃了，其结果是这种岩刻艺术的结束。而这种艺术深深地融于自然，如此深深地与岩石相谐调。这些岩石隐蔽着，覆盖着苔藓和草皮，但是在绿色衣衫的下面，它们保存着非常宝贵的艺术和历史的财富宝物。今天它回来了，重见天日，告诉我们史前人类的生活和艺术的起源。

二　卡莫尼岩画的分布

史前艺术的学者把岩画（Rock Art）从洞壁艺术（Parietal Art）中分离出来，因为后者出现在洞窟的墙壁上，而前者暴露在露天中。这些画的或刻的岩画，在制作之后，在岩石上至少已暴露了相当的时期。

意大利北部岩画丰富，在梵尔卡莫尼卡这个山谷中，130000 的岩刻，制作在约 1000 多块岩石上，其主要集中地在该山谷的中央部分，而且主要地点是在桥头。大约 100 个的岩石位于名叫纳奎尼（Naquane）的地方，在那里，文物部门已经创建了一个国家公园。纳奎尼公园的南部接近纳德罗（Nadro），那里有岩画点大约 60 个，另外 100 个则分散在森林里，约 80 个有岩刻的岩石是在帕斯帕多（Paspardo）。

　　除了最著名的纳奎尼（Naquane）岩画点外，更多地集中在桥头。在一条小溪的北岸，卡莫尼（Camunian）艺术家在该地区给我们留下的岩刻仍然存在着。这个有史前遗址的地方称为 Dos dell'Arca，已经发掘过，对它们的研究更进一步增添了通过史前岩刻透露出来的关于历史和日常生活的细节。

图 51　茄莫第一大圆石岩刻的局部

在挖掘中，发现很多的打击石器、陶器和其他器物。从青铜时代到铁器时代，还有一些小屋的地下室和其他建筑物的遗址。

在山谷的西部，桥头、茄莫（Cemmo）等地方（图51），也都有岩画点。在这里，有雕刻的岩石继续向北方延伸，直到斯勒洛（Sellero）。

在山谷中心的两边，低处的岩刻出现在海拔360米的地方，最高的一个超过海拔1000米。许多岩石是坚硬的，接近断崖或者深谷，在密集的灌木中，或者在其他很高的、难以到达的地方。参观一次这些峡谷中心区的所有的岩刻，大约需要数月的旅程。可是，一些优美的和有趣的岩刻是容易访问的，也是能在短时间内访问的。

三　一些主要的岩画图像

从桥头的纳奎尼（Naquane）出发，循着小径，人们可以到达国家公园。这里有一条羊肠小道，是古罗马时代的道路。继续朝着纳奎尼的房子下去，在羊肠小道行进60米之后，在您的右边，那里就是公园的第49和50号岩石相连之处，有着非常有趣的景物。

这里有一些卡莫尼碑铭已经借用北方伊特拉斯坎（Etruscan）的字母，但是使用的是本地语言。这样的铭文不仅刻在岩刻上，同时也在陶器上发现，在梵尔卡莫尼卡发现的总数超过100个。在岩石的中央是著名的公元前第5世纪的"伊特拉斯坎武士"头盔、刀剑、盾牌，有良好的雕刻的技术，以及修饰丰富的风格，它强调正方形的身体，强调腿的腓骨和手臂的肌肉。从公元前第6世纪到前第3世纪的中期，都是属于卡莫尼雕刻艺术的第 Ⅳ/E 阶段的典型，正是伊特拉斯坎的影响力强大的时期。

在这岩石的底部，有两个特别有趣的小场景，其中的一个描绘铁器时代的人物形象，他显然在做一辆四轮马车，两个轮子已经完成了，这个工匠似乎还在继续这件工作，他用大锤在铁砧上敲打。在另一个场景中，出现一只华丽的鹿，猎人正在利用一种套索捕捉它（图52）。围绕

图52　猎人用套索套鹿

猎人正在用一种套索捕捉一只华丽的鹿。围绕这幅图形，有一些表现为"船
桨符号"的图形这种神秘的图形比任何卡莫尼艺术中的其他图形引起更多的
讨论和解释。有人认为这是一种魔术符号，史前的卡莫尼人认为它有许多神
秘的力量。

这幅图形，有一些表现所谓"船桨符号"的图形。这种神秘的图形比
任何卡莫尼艺术中的其他图形引起更多的讨论和解释。有人认为这是一
种魔术符号，史前的卡莫尼人认为它有许多神秘的力量。

在第50号岩石的北边，参观者将会看到一个由37个图案化的人物
组成的人群，它的风格与在这个岩石上别的作品是完全不同的。这些图
像要古老得多。它们属于卡莫尼艺术第Ⅱ时期的开始，年代可以追溯
到公元前第4千纪，此时，考古学家称为新石器时代。

沿路回去，纳奎尼的宗教仪式的性质，即便在一些岩刻中也可以看得出来，相关的地方经常展示仪式中的牺牲。在纳奎尼的一所房子里，有一个小规模的展览，正在展出青铜时代和铁器时代的古代的遗物。它们得自遗址 Dos dell'Arca 的发掘和在 Breno 的铁器时代坟墓中发现的。

在那房子的前面，就是所谓的"巨岩"，也就是第 50 号岩石。这里有该地区迄今为止最大量的岩刻群。这块岩石上有 876 个图像，属于 5 个时期。同时，它也是迄今为止，曾经全部发表和充分研究过的少数岩刻之一，是一篇特别的专题论文的研究对象。整个"巨岩"是无双的、独一无二的，那丰富的图形给人以深刻的印象，岩刻纷杂并经常重叠在一起，乍看之下似乎是解不开的，并且整整覆盖着 50 米长的岩面。

第 50 号岩石上的岩刻，其重叠的原因已经被发现。因为在超过千年的时间里，史前的艺术家经常返回这里，刻上他们宗教仪式的图像、刻上他们的观感，刻上他们记忆所及的东西，并常常重新使用那些已经为先前艺术家工作过的岩面。对于这岩石多样的雕刻的覆盖现象和风格上的差别的研究，已成为确定卡莫尼岩石艺术在风格和历史上发展的基础。

在许多有趣的题材里，有编织用的织布机。它们是垂直织布机，粗细非常类似于在公元前第 1 个千纪的、在希腊和在许多中欧国家的织布机。纳奎尼的这些图像归因于公元前第 2 个千纪，是发现在欧洲的、最老的编织织布机的图像（图 53）。

特别有趣的还有一个场景，描述了一个宗教的行列，清楚地显示了史前的卡莫尼的习惯和社会结构。

实际上，在这场景里有两个分组的人们出现，一组直接地向着另一组。一边，人们围绕着一个突出的重要人士，他是这分组里唯一骑马的，带着武器的战士，有着牧师那样举行仪式时的发型。他大概是这氏族或部落的首领，掌握着宗教的和世俗的权力。在第二分组的中央，那里两个人物也有着这种牧师的发型，但他们是在场面中唯一没有携带武

图 53 《织布机》 梵尔卡莫尼卡山谷中桥头附近的岩刻

图 54 《宗教行列》 纳奎尼"巨岩"的岩刻局部

场景里有两个分组：左边，人们围绕着一个突出的重要人士，他是唯一骑马的带着武器的战士，有着牧师那样举行仪式时的发型。他大概是这氏族或部落的首领，掌握着宗教的和世俗的权力。右边，那里两个人物也有着这种牧师的发型，但他们是在场面中唯一没有携带武器的，也是唯一的没有把手臂直接伸向天空的。

器的，也是唯一的没有把手臂直接伸向天空的（图54）。

这个场景揭露了许多出色的令人有兴趣的详细资料。该部落的首领掌握着两种权力，宗教的和世俗的。而这些具有宗教权力的牧师是不用携带武器的。一个更有意思的细节是，一些人围绕在部落首领的周围，而其他人则集合在牧师的周围。

另一值得注意的、有趣的场景，似乎是描绘了青铜时代人们对死者的祭仪。仪式围绕着死者进行，死者的周围放着他生前的武器和工具（图55）。

图55　《死者埋葬的仪礼》

此外，这两个岩石是完全干净的，因此图形也是清楚可见的。参观者在第 23 号岩石上还能看到两匹马拉着一辆四轮马车，那是属于铁器时代的。

从那里，人们可以继续到 33 号岩石去，在那儿将看到一些史前的小屋的图像，最后到达第 35 号岩石，那里有出名的岩刻"铁匠"和"奔跑的牧师"。所有这些雕刻来自铁器时代（前第 1 个千纪）。然后将到达 Verdi 的地点，访问沿着这条小路有更多的、精美的岩刻。之后到达纳德罗（卡莫尼艺术的第 III 期）。向南前进 100 米，在相同的地方，又发现一岩石，那上面的岩刻比所有以前看到的都更具图案化。那里的棒状人物用他们的武器指向天空，还有表现非常简单的表示太阳的圆圈。这些雕刻品属于卡莫尼岩石艺术的第 I 时期，归因于新石器时代，距今 5000 多年以前。在纳德罗，那里有很多的岩刻和巨石文化的遗存，以及其他史前生活的神圣遗物。这个地区尚未完全开发，但却是一个非常有希望的地方。在轻微的斜坡上有很好的草地，多种多样的小溪流水，必然会吸引不同时期的史前人类。

在梵尔卡莫尼卡位于桥头和茄莫之间有一个小小的山谷，一个在这山谷中最老的教堂可追溯到第 11 世纪。在这里人们能够发现出名的茄莫大圆石，上面刻着图形，这是在梵尔卡莫尼卡第一个被发现的岩刻。

它们是两块大砂石，相距 15 米，在它们垂直的岩面上有着数目众多的岩刻。1962 年夏季，在这地方进行的发掘，已经显示出这两个巨型独石之间存在一种对称的方式。

发掘透露一系列地质学的地层，说明在梵尔卡莫尼卡，从冰河时代的末期，约在 1 万年以前，直到今日的一些气候上的变化。那里曾有交互的时期，一些潮湿的和下雨的，其他则是干燥的时期。观察岩刻点地质学上的地层，证明大圆石是由于一次山崩，从山顶上坠落下来的，坠落后不久就刻上了岩刻。它并不是不可能的，在大洪水的时候卡莫尼人就已存在，这猛地落下的两个岩石与许多其他东西，都是它们存在的证明。

在离第 2 号大圆石约 3 米的地方，向下挖掘 1 米的深度，发现一个史前的窖藏处。找到了当艺术家雕刻岩石时，保存下来的一系列东西，包括 30 多块颜料。赭石、泥土和软的石头，这些颜色是清晰的，与水晶的凿刻工具和石头的切割工具等都摆放在一起。

岩石上的雕刻具有纪念碑式的构图，正如我们今天看到的，在公元前第 3 千纪的时候，它持续了三或者四个世代。在第 1 号大圆石向北的部分，清楚地出现数目众多的覆盖现象，有一系列的匕首，重叠在两个不同类型和风格的动物身上（图56）。

第 1 号圆石有两三头牛在下面一点的地方耕地。它们和那些匕首属于相同的阶段。在这块岩石的南部，有更多的容易区别其他时期的作品。

有一系列动物，都有着很好的和细致而优雅的特征。野生山羊、狐狸和其他野生动物的形象，都可以辨别出来。上面一些，有一群光亮的鹿，有着分叉的犄角，属于另一阶段的作品。在这岩石的中央有一条垂直的串联，人们可以看到一种奇怪的动物，也是属于第二时期的，对它曾有过许多不同的解释。一些学者倾向于把它们看作反刍动物或者野猪，而另一些学者则认为是表现狼的。

第 2 号大圆石没有覆盖的现象（图57），一组岩刻的增加，与另一

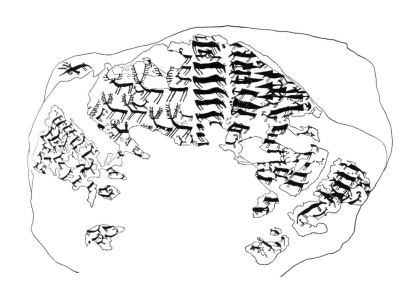

图 56　茄莫第 1 号大圆石岩刻

组岩刻是协调的，并考虑到通常的构图规则。然而，我们在这里也能找到三个风格时期。那一对大角牛拉着一辆四轮车。在岩石的极左边，一对用犁耕田的牛，类似于第 1 号岩石的形象，是属于一个稍后的阶段。那匕首的形象与前面的岩石上的有所不同，是稍微古老一些的。它们似乎属于这个岩刻的两个不同的时期，那些有着很好特性的人物和动物的形象，也都属于这两个不同的时期。

此外，在这岩石的中央，是一个单独的动物形象类似于前面的岩石的第二时期。在那上部出现一个太阳的圆圈，并有小的光线环绕着它。在它的旁边有两个武器一斧和一戟。正如在茄莫的那样，太阳常常出现在梵尔卡莫尼卡，作为纪念碑构图的主题。这些构图是神圣的图像处理，与太阳崇拜有联系。

参观者可能已经注意到，这两个岩石上的雕刻品与在纳奎尼 IV 时期，是铁器时代的作品（前第 1 千纪）。在纳奎尼的 50 号岩石上面，人们可以看到一群集中在一起的图案化的人物形象，属于新石器时代（约前 3000 年）。

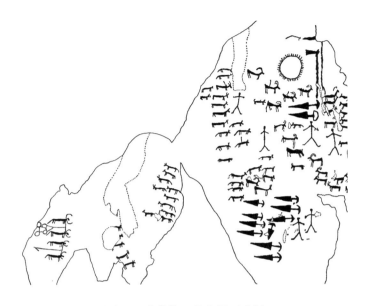

图 57　茹莫第 2 号大圆石岩刻

　　在纳德罗，在两个描写武器的岩石上，人们已经注意到与茹莫的雕刻具有一些相似性。在茹莫的形象属于卡莫尼艺术的第 Ⅲ - A 时期，属黄铜器时代和早期的青铜时代；而纳德罗这两个"短剑岩石"，主要地属于第 Ⅲ - B 和 C 时期，已经到了青铜时代。断代是由武器的形象确认的，三角形的，有刀锋的匕首，戟，平坦的斧，所有这些由考古学的发现而提供的相当之物，都是可以断代的。

　　从茹莫村庄的两个大圆石回来，人们沿路到 Pescarzo，到达 Bedolina 区域，有一座小房子称为 Bait del Pistunsi。环绕着这房子的田野中有许多非常出色的岩刻，沿路是很容易访问的。街道右边的下面，有一幅著名的"地图"，这是发现在梵尔卡莫尼卡，也是在欧洲的最古老的地图。它可追溯到青铜时代。这幅岩刻里有一些小屋的形象，一些复杂的线条串联着田地，其中一些有数目众多的规则的圆点，似乎是已经耕种的标记。一条小溪曲曲弯弯通过田地，小河和沟渠增添了地形学上的细节。从这张"地图"所在地，俯视出现在面前的这山谷，这地区，与这张地形学的地图中所表现的是相似的。直到若干年前，在新的房子建筑之前，那里仍然遗留着非常相似的田地和路径，现在这条名叫 Re 的小溪，它的古代的河床与地图中所表现的那条小溪就有着相似的形状。

在小路的另一边，大房子的下面，一个长条的、深色的岩石上，人们辨别出一些非常有趣的场景，其中最值得注意的是一个农业劳作的场景，充满着运动感。两个动物拉犁耕田，那动物也许是马，前面由一个人引导着，犁地翻起土块。在相同的地点，有一个值得注意的串联在一起的长角，一种乐器，显然是梵尔卡莫尼卡的居民在铁器时代所使用的。一些卡莫尼碑铭，也能在相同的地点看到，往往与一些战争与战斗的场景在一起，大部分属于铁器时代的中期或晚期。在相同的斜坡处，往上大约 200 米，我们可以游览"魔鬼之石"。它是一个大而漂亮的岩石，有着数目众多的图像，其中之一是被称为"龙"的，描绘一个像蛇的图形，有着小腿。在相同的岩石上，有一个场景表现一个带角的魔鬼，有着兽面，用爪子抓人。

返回到 Cascina dei Laifranchi，人们发现一个图像，它可能描述一个魔术或者巫术的场景，两个有阴茎的男人，向着天空举起大手，在前面是一个没有手臂和性别的人物。在梵尔卡莫尼卡，这种类型的图像是数目众多的，但是它们的具体的含意仍然是不清楚的。

在这一带卡莫尼卡（Camonica）山谷中是最为浓密的、最为集中的岩石艺术的区域。步行通过这区域，参观者可以看见数以千计的岩石雕刻，许多是至今尚未发表过的。

四　卡莫尼艺术的发展与断代

在对这些岩刻进行简短的一瞥中，我们可以看到不同的图像类型、不同的雕刻技术、并且各个风格上的分期，也包括不同的主题和内容。

经过对各种要素的研究，有可能确定卡莫尼艺术在 8000 多年内，在风格上与观念上的一个发展过程。这是很重要的，因为它们揭露了一个艺术史的全新的篇章，从中可以看出原始人在构图中的企图和描

绘事物的想法，那是直到现在研究过的最古老的艺术。它透露了一个
史前的人群的观念学和心理学的发展，表明这人群与其他人群的联
系，揭露决定他们命运的历史上著名的事件。他们的历史已经被忘记
有 2000 年了，通过这些艺术的证言才得以重建。同样的，对这个区
域的其他民族从这历史记录中所透露的事件，包括从冰河时期的末
尾，直到在 8000 年后，它们被罗马帝国所征服。这是一种通过造型
的图画塑造出来的欧洲人文明的历史记录。

　　起初，卡莫尼艺术是概要的、静态的和符号化的。各种主题的构
图，是表现一个简单的场景。在极大程度上，这些主题是孤立的，有
时是用非常相似的方法多次结合，或多次重复着。这些图像大都是非
常相同的，通常是由几个相似的形象组合在一起。此外，则可能是一
个符号，像一种太阳的圆圈，一个物体比如斧头、动物，或者另一个
人的图像。虽然这是在桥头，但实际上在 Luine，一种更早的岩画已
被发现。它是一个复杂的大型的野生动物，用一个简单的轮廓标示出
来，反映出一种前新石器时代的狩猎氏族的智力，属于公元前 8000
和 6000 年之间，被称作前卡莫尼时期。另一方面，在桥头发现这是
卡莫尼文明的第 I 时期，它标记着一种不间断发展的艺术风格的开
始。每一阶段的发展，都反映一种不同的文化阶段和概念上的进展，
最后导致从猎人氏族到一种等级的和多样化的社会。在第 II 时期，人
们也发现抽象的复杂图形，由直线和曲线、圆圈和之字形等构成。它
作为一个整体，有时其复杂性与新石器时代大西洋和中欧的巨石坟墓
中著名的装饰品相似。有时也发现小杯穴的岩刻，刻的技术更粗，也
更深。这些早期的卡莫尼艺术，表现出来的一些特性，类似于其他新
石器时代的欧洲人的艺术，这些说明卡莫尼种族都是从他们的先人那
里继承过来的。

　　在卡莫尼艺术的第 II 时期（图 58），也可追溯到新石器时代，人们
发现一种新的使人感兴趣的东西，那就是构图。在极大程度上，那些图
形保持概略的，但是代替孤立的图形或成对的图形，已经出现了完整的
构图。同时，图像变得更丰富，又增加了新的表现。

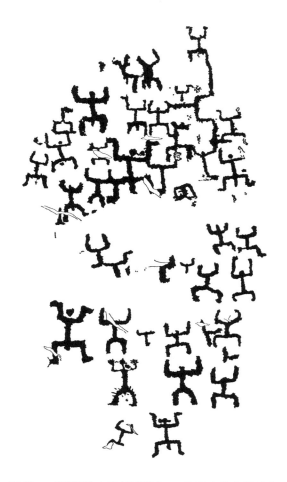

图 58　《图案化人像的群体》　卡莫尼艺术第Ⅱ期

数十个人物布满了 4 平方米的岩面。我们还不知道这组数据是不是可以考虑
只是一个场景，然而，他们是一群和谐的、很有组织的人群。我们可以相信
这些尝试是为了描绘一个意图。

这发展的一明显的例子是太阳礼拜的场景。在第Ⅰ时期，在太阳的
圆圈前面是一个单独的祈祷者，象征着对太阳的礼拜。第Ⅱ时期卡莫尼
画家画了不同的祈祷者围绕着太阳的圆圈，圆圈具有数目众多的光线向
外放射出去。第一，祈祷者的图形象征祈祷，而现在人们已不满足于象
征，感觉到要有逼真的场景的必要性，因为它能忠实地表现了这种典

礼。这结果就是一种复杂的场景，在场景的中心那里是发光的太阳上帝。雕刻的技术也发生了变化，雕刻变得更精致和准确，线条也更谨慎和平滑。

在公元前 2800 年之前，卡莫尼开始描绘大量的武器。戟、三角形尖的匕首、平坦的斧头，其特征与其他重要的变化的到来，改变了卡莫尼的艺术。风格第Ⅲ期是茄莫（Cemmo）类型的纪念碑的巨石，那里的构图表现出武器符号、动物和男人，这些图形并常常环绕着太阳的符号。其他这个类型的巨石，还发现在邻近地区，甚至还发现在梵尔卡莫尼卡以外的地区，在瑞士的 Valais、Grisons 和其他高山的地方。在 Alto Adige，史前刻有碑文的石柱上面覆盖着的图像，它的风格和技术与梵尔卡莫尼卡第Ⅲ时期的作品是相似的。

此外，这些纪念碑上符号和仪式的性质，在第Ⅲ时期里发展为另一种艺术趋向，稍后它将变成占优势的倾向。它是一种描述的和叙述的艺术，反映出日常生活的场景和瞬间，小屋和村庄的图像，各式各样活动的人物形象。那里也有一种类型称为"地形学的图像"，也许是表现那个领域的地图，在观念上与纪念碑的构图相联系。在某些例子中，第Ⅲ时期的稍后阶段，人们也发现带有与当时流行文明有着不同联系的证据。在青铜时代的中期最重要的联系是与迈锡尼文明的联系，它在那时是希腊文明的最高点。由于这些联系，在梵尔卡莫尼卡的雕刻上出现迈锡尼文明的武器图像，并且甚至有战争用的双轮战车。车轮，这史前技术最出色的发明，随着早先人们的交往联系达到这里，也可能通过多瑙河山谷。它的出现约在公元前 2500 年。人们知道这山谷逐步地获得一种在国际贸易中重要的角色，很可能由于丰富的矿物，这些亚平宁（Alpine）高山民族用以交换外来的产品。在这个时期，卡莫尼人刻划各种那时代典型的武器在岩石上，这是戟，它与中欧发现的相似；平坦的和穿孔的斧头，它在青铜时代的不同文明中都有出现；各种的类型的匕首，在青铜时代的早期，布雷西亚（Brescian）地区在发现。

在之后的一些阶段中，表示出中欧影响的特色。这时，在卡莫尼艺术发生一种值得注意的变化，出现大量地与初期铁器时代文化相联系的东西。卡莫尼人开始利用自己的主要资源，他们开始生产出铁制的工具和武器。与这技术发明的同时，新的想法也介绍到山谷中来，它影响着宗教、社会结构、经济形态，因此也及于艺术。

这是铁器时代开始的情况，在公元前第 10 世纪，也是卡莫尼艺术第Ⅳ期开始的情况。这时期生活在阿尔卑斯山脉北方的民族的影响力，已被南部古代意大利人的影响力所代替。在这新纪元中，人们也许更清楚地看到卡莫尼人的本性。他们的文明和他们的艺术是特殊的个性与外部影响力的结合。这种结合，分别均衡地来自北方和南方，来自越过阿尔卑斯山脉的和来自古代意大利人的，甚至更南的伊特拉斯坎。

铁器时代在开始的时候（第Ⅳ时期），最强烈的的外部影响力是初期铁器时代的文化，但是，到了公元前第七世纪的末尾，古代意大利人的影响力变得更其强壮。跟着是值得注意的伊特拉斯坎人。在他们最大的扩张时期，在公元前第六和第五世纪，伊特拉斯坎人的影响力在卡莫尼雕刻品上几乎无处不在（图 59）。

岩刻中伊特拉斯坎人的盾、伊特拉斯坎人的盔、伊特拉斯坎人的刀，这些修饰丰富的风格大多数以明显的方式表现出来。许多岩石雕刻似乎是从伊特拉斯坎人那里得到灵感的。在伊特拉斯坎人的坟墓的壁画中或者花瓶上，都可以发现这种图形。然而，卡莫尼艺术的第Ⅳ时期，他们保持少量陈旧的现实主义和有时是过分单纯化的特征。

第一个碑铭也出现了。字母是伊特拉斯坎人的，但是那语言是来自本地的，并与 Rhaetian 语言有一些相似，那是在更为北方的，特别是在瑞士的东方的行政区。

和这些碑铭一起回溯到公元前第 6 世纪后期到公元前第 1 世纪早期，人们看到第一次罗马人的影响。公元前第 1 世纪开始，出现甚至一些拉丁文的碑铭。在那时，罗马帝国第一代皇帝的军团由 Publius Silius 指挥征服了这个山谷，卡莫尼人丧失了他们的自治。此时，正是史前的梵尔卡莫尼卡岩石艺术的最后阶段，也终于走向了它的终点。

图 59 《武士》 卡莫尼艺术第 IV 期

五 卡莫尼人们的起源和历史

通过岩画所透露的细节，读者多少已经了解到，要重建这些人们的历史是可能的。对于他们，在不久之前还是未知的，他们刚刚从包围他们已有 2000 年的黑暗中走出来。罗马人称这个人们为"卡莫尼"，但谁是这些卡莫尼呢？他们来自哪里？他们的历史在罗马人征服之前是怎么样的？

正如我们说过，卡莫尼艺术在开始的时候是类似于欧洲其他艺术的，彼此之间有着共同的传统和联系。在法国和西班牙，这些猎人的部落在他们传统的经济中，逐渐地增加了畜牧业。这些人是半游牧民族，他们漫游着，从山谷到山谷，或者到平原上去寻找猎物。

这种生活方式在梵尔卡莫尼卡成为适于人类居住之前，就早已长期存在了。事实上，约在 1 万年以前，这山谷还是被更新世的冰河覆盖着。直到冰河时代结束时，冰河才开始后退，这个过程持续了很长的时期，山谷的谷底是零落的许多小湖泊和沼泽，同时斜坡上，几乎全然是岩石和露出的植物，并为无数的小溪所分割。小溪携带着大量的水流，比今天要丰富得多，水流冲刷着山崖和巨大的石块，也把河床冲刷得越来越深。

这山谷是难以访问的，在高处只有亚平宁高山上的两条通道，而且，几乎不断地为冰冻覆盖着。山谷本身是沼泽地难以横越，而且它的两面斜坡都被溪流所冲刷，也是难以通过的，那里覆盖着古怪的大圆石、大的岩礁、遍地堆积的碎石片等等，要开辟道路是极其困难的。

在一个缓慢的过程里，大约持续了几千年，土壤开始覆盖那些岩石和山头，使这里成为对植物和动物来说是更好客的地方，更容易生长和生活的地方。

在这时期里，高茎植物侵入这个山谷，这标志着这山谷里的生活的开始。植物后面跟着动物群，动物群之后是人类。

人类出现的最早证据，就是那些最古老的岩刻，断代为在冰河后退之后，约在新石器时代的公元前第 5 千纪。

在这个时候，欧洲正经历一场大的变化。来自巴尔干半岛的农业人口，通过低矮的多瑙河山谷，已经侵入到意大利的北方；其他农业人口也即将来临阿尔卑斯山脉，为寻找新的土地定居。一些本地人口与那些新的移民混合了，并开始接受新的文化和新的生活方式。外来人口高兴地看到另一些卡莫尼部落宁愿撤出去，去到新的地方，放弃这出色的平原，那是富裕的、肥沃的、狩猎的土地，而避难到一种几乎不可访问的高山峡谷中去。那里生活将可能是更辛苦的，但是在那里他们能够更好地保持他们的传统和文化。

开始，卡莫尼生活几乎自给自足的，首先是狩猎，然后是驯养动物。在第 I 期间是狗和牛，这些动物可能是被带进这山谷的，但是很快地，卡莫尼开始成功地转变了自己的生活。

在公元前第 3 千纪，居住在地理位置较低的布雷西亚人，他们可能是来自东欧的 Remedello 民族，他们有不同的起源、传统和文化。但是他们比卡莫尼人更精力充沛，他们的文化成功地克服了这领土的限制。从 Remedellians 人那里，卡莫尼学习使用各种的新类型的武器和工具，一直到制铜（图 60）。

图 60　《两武士奋战二恶魔》　卡莫尼艺术第 IV 期

一种新的武器，戟。在公元前第 2 千纪的前半叶，几乎全部的欧洲都在使用着，也到达了这个山谷，并被描绘在岩刻中。因此，史前的许多其他新的技术也都到达了。可能其中最重要的是犁，类似于木制的犁，人们在莱多洛（Ledro）湖的遗址中发现了，可追溯到公元前 18 世纪或 19 世纪。接着各种不同于 Remedellian 文化的影响也跟着来了。来自中欧 Aunjetitz 文化典型的武器，也发现在这山谷的艺术表现中。它告诉我们在青铜时代开始的时候，卡莫尼的这些联系在不断增加着。

但是，所有的这些是偶尔发生的联系，卡莫尼学习环绕着他们的这世界的创新。然而，对他们自己的文化改变得并不太多，对他们的艺术也是如此，这些艺术品是他们身后遗留下来的最重要的文献。最重大的变化，也是卡莫尼接受外部世界最强大的影响力，是希腊古代都市迈锡尼（Mycenae）的文明。

公元前 1600 年，迈锡尼人成功地发展了一种国际的贸易。最出色的贸易活动，似乎是通过迈锡尼人与欧洲大陆人之间进行的。只是后来，才对地中海的东海岸发生兴趣。在希腊，琥珀出自北方的欧洲；金属来自阿尔卑斯山脉；也许甚至还有其他更易腐坏的产品，都是进口的，只是那些易腐坏的产品没有留下什么踪迹罢了。我们在这山谷岩刻的描绘中，找到匕首和其他的迈锡尼文明的武器，并且甚至二轮战车的图像，这个二轮战车是迈锡尼文明的标志。特别值得注意的是一种青铜的物件，发现在一个皇家的迈锡尼文明的坟墓中，而在卡莫尼岩刻的表现里，却有它们最接近的相似之物。

无疑地梵尔卡莫尼卡知道如何来发展这些经济上的合作，介绍卡莫尼文明进入青铜时代民族的、国际的共同体。无疑地，许多新的思想通过这些联系渗透到这山谷来。同时，也不排除卡莫尼也同样"输出"一些他们的观念。

但是，在迈锡尼文明影响时期的末尾，没有其他的外部文明对卡莫尼岩画有这样强烈的冲击，直到公元前第 7 世纪或公元前第 6 世纪的开始，首次伊特拉斯坎的影响才明显可见。有 200 年，伊特拉斯坎人的影响支配着这个山谷。伊特拉斯坎人的风尚、武器，并且那些修饰丰富的风格都证明了这些。同样地，最早的碑铭是以伊特拉斯坎人的字母和本地的方言书写的，也可追溯到这个时期。从来自中部的古代意大利人文明，卡莫尼学习到人类最出色的发明之一。于是，他们逐渐地抛弃了史前的东西，变成一个懂得读和写的人群。此时，卡莫尼他们自己的文明已经逐渐开始它的衰落的过程。同时，罗马人的影响也发展起来了。

从卡莫尼艺术受到伊特拉斯坎人影响开始，跟着一个迅速的衰微。看起来似乎是谦逊的卡莫尼部落，面对这围绕着它的出色的文明感觉到自己的无力。因为从他们的艺术看到，它在丢失丰富的对岩石的感觉，那种纯朴的、简单的和纯粹自然的，曾长达 8000 年之久给他们以生活和品格的东西。卡莫尼艺术家开始去模仿别人的想法和风格，并发现别人的比自己的更漂亮，也更合适。这个小小的部落已经创建的几千年的文明现在已达到它的终点，人们在这些艺术的最后阶段已经看到了，跟从而来的是更强壮的和精力充沛的文明的影响。但是，伊特拉斯坎人和居尔特人（Celts）并无做任何事情，只是为罗马人准备好这块土地罢了。每一页卡莫尼的历史，都是过去给我们上的一课。

拉丁精神与这古老卡莫尼文明是不相容的，与它的保守主义，与它的传统，与它的内向性是不相容的。罗马人提供了一种新的精神，一种新的经济的和社会的组织和一种新的想法。这个卡莫尼部落、这些远古的猎人、早期的农夫和工匠，他们文明的原则，现在被抛弃了。在精神上和道德上，这高山部落的古代的体系完成了。他们的未来是完全地融合于罗马帝国。

当罗马扩展它的主权超过托拉斯帕塔纳（Transpadana）和设立它自己的行政管理，军事的征服完成了其最后的任务。然而，漫长的发展过程并未因而终结。与新的思想相较，这些古代的本地文明没有更多精神上的或者道德上的价值。罗马人的行政管理代替了古代的酋长，罗马人的上帝加到古代的神灵之中，新的寺庙取代了原始的圣所，新的土墙围绕的房子替代了古代的小屋。

现代的生活渗透着这山谷。道路建造起来了，小车和商人能够容易地到达，并带来了原有经济秩序的终结，也必然带来了文化上隔绝的终结。罗马人的武力几乎没有遇到任何反抗。当在道德上和经济上已被征服的时候，本地人怎么可能进行任何反抗呢？

当罗马的军团到达之时，卡莫尼已经准备好转向罗马，这是因为新文明的到来，正是他们等候生活更新之时。

因此，它成为罗马人世界帝国中一个不知名的小部分。它的人民却自在和自足，并且富有个性。8000 多年的史前时代发生的事情，通过岩石雕刻品诉说着。之后，这区域从史前时代进入历史时期。

岩石雕刻品是引起兴趣的一个焦点。关于它的居民的日常生活，关于信仰、活动、经济的和社会的发展等等。人们对这山谷的事实真相知道得非常少，从那时以来直到中世纪。至于更早的事情，如果史前的卡莫尼人没有在他们的山谷的几百个岩石上，留下他们非常宝贵的艺术的遗产的话，人们将一无所知。

这岩画留下一则信息，在这亚平宁（alpine）高山的人群中，卡莫尼是今天我们知道最多的，在构造欧洲人文明史方面扮演着一个值得注意的角色。创造许多我们的早期文明的基础，那些信仰、习惯和传统，我们在梵尔卡莫尼卡的岩石图像上可以发现其原型。

许多问题仍然在讨论之中，其一是卡莫尼人为什么要创造岩画？这个题目将在另一本书中讨论。

——译自《CAPO DI PONTE》，CENTRO CAMUNO STUDIO PRE-HISTORICI，1982.

欧洲岩画的场景观念

陈兆复　译

　　人类的冒险，就其最大的表现方面来说，则在精神方面，而视觉艺术肯定是一个最重要的表达方式。其最直接的影响是视觉艺术作品今天仍然存留在世，而其他项目的精神表现，则只有少数间接资料，也就是说从其他类型的艺术得到证据，如音乐，到现在保存完好的是岩画中描绘了演奏乐器或跳舞的场景，才知道了一些远古音乐的某些方面。所以，视觉艺术实际上是一个文字发明之前写作的伟大历史记录。

　　对于考古学家，视觉艺术也是一个强大的工具，让他们能够到远古时代去旅行，去体会远古人们从事创作行为的动机，以及从心里产生的精神。

　　我们经常问文化发展等方面的问题，如在绘画构思一个场景过程的各个阶段之间，是如何存在着密切联系的。我们可以看到在不同的人群中、不同的时期和不同层次上的物质文化。我们应该补充说，组成场景的演变从来没有遵循过一个近似课程组成那样严格的例子，甚至旧石器时代的崖壁画和装饰也是如此。尽管如此，在早期猎人的艺术中，画面的场景几乎是不存在的。当场景在画面上出现，比喻的语法也在世界各地出现，在同一时间弓箭也开始使用了。不过这个说法现在尚未得到满意的解释。图形表是第 20 世纪欧洲人搞的，我们不难发现一个概念性的内容出现在所有时代和成为各种艺术的创造力。

随着卡莫诺艺术的发现及演变，人们才知道是在场景出现之后才有句法和联想的图像，但这种艺术构思的发生和演化过程，是在旧石器时代以后的时期。

另两个欧洲地区给我们带来了两个平行的，但又不相同的例子。在西班牙东部，描述场景作为一种比喻的手段，是在公元前 6000 和 3000 年之间就发展起来并共同使用的（图 61）。黎凡特艺术的第一阶段，如此称呼是因为它坐落在伊比利亚半岛东部的省份，无疑受到前期法国坎塔布利亚艺术的影响。在西班牙第一阶段的人物出现在画面中时，没有作为一个描述性场景的一部分，各种动物的画面是独立的，但如果它们之间存在一个连接，它必须是一个象征性的。图像的关联的接近是后来缓慢发生的过程。动物的形象成为狩猎场景的一部分，人类的形象获得了更多的、更重要的表现。从静态到动态，并获得一定的活力，场景开始显现作用。他们是在寻找一个有特定意义的瞬间，这是一个特定时期的表达方式。描述性图画代表日常生活，表现普世的价值观和一种全球的概念。目前，尚不清楚这是否是一个进展或综合或抽象能力的回归。

图 61　《舞蹈》　西班牙黎凡特岩画艺术

这些不同阶段的确切日期仍在讨论，但人物表现的生活场景是在狩猎和采集经济基础上才有可能出现的。在欧洲史前史方面，他们代表的文化水平是新石器时代的高度发展的时期。画面所表现的人物活力与动态场景相吻合，这在其他地区，正是弓和箭开始使用的时候。

另一个有艺术周期演变的地方，也有一个平行的过程被发现在欧洲斯堪的纳维亚和俄罗斯部分附近的区域。在瑞典和挪威北部，一个艺术圈呈现出猎人和捕鱼人的生活已达到了最后阶段。在最初阶段，它的特点是抽象的符号和示意图，和西方新石器时代的巨石装饰非常相似的。在南方的斯堪的纳维亚和附近拉多加湖地区，奥涅加湖和白海没有发现一个实际的描述性场景。那么这些符号逐渐变为现实的形式和分组的构图，更接近我们的"逻辑"似乎发生了，这也是艺术家们在新石器时代文化阶段的时候。

此后，在整个青铜时代，同样的形象化的构思仍然是写实的主题是静态的，成为非叙事的场景和构图位置的一部分。现代的那种活力动态的、描述性的场景只到青铜时代的结束或在铁器时代才开始（E. 阿纳蒂，1959 年）。

在意大利梵尔卡莫尼卡谷发现进化的动态过程，显示有类比的意义。正如上面所描述的周期一样，在这里也有可能在较早的阶段，找到一个更大的绝对普世的价值。在铁器时代，我们可以检测到部落的事件和地方，具体的利益和个体价值的调整有更大的关系，特别是在一个特定的时刻，可以从事他自己的狭隘集团的关注。值得注意的是，在同一时间，物质文化能量的获取要比一般标准广阔得多的地方特色快很多，也是地域扩散所特有的。此时，以前的文化正在消失。

在法国阿尔卑斯山脉的滨海，有一组重要的岩画，是用线条画成的，没有活力的描述性的表达，只有小量的场景画面，但是，象征性的构图在所有时代都可以发现。

符号组成的形象化的概念在梵尔卡莫尼卡山谷是成功的。在公元前第 4 个千年的第 II 期的时候，它达到了卓越的高度。即使有时他们的意义是难以辨认的太阳圆盘和叶片组成，其中偶像，或那些圆盘和周围的偶像线等也被列入，都是画得很棒的例子。此后出现不同的面貌，达到最高水平的是第 II 时期，相对应的是纪念碑式的构图阶段和巨石雕像的伟大发展。这种纪念碑式的石雕，开始于 II 期的早期。动物的刻画场景，发展为一种蓬勃和均匀的艺术，却在 III 期的结束，甚至在第 IV 期的开始，是公元 1000 年以后，当青铜时代的终结期。

在接下来的几个世纪里，卡莫尼的艺术家们创作的作品，对今天的考古学家，当时艺术家们是描述生活场景中成千上万的细节，以至他们的生活习惯和发生的事情。这些日常生活场景、经济和社会活动，房屋的陈设等等，提供了更多的绝对直接的历史兴趣。

梵尔卡莫尼卡山谷所揭示的艺术历史和概念化的过程，是一个非常重要的序列。前卡莫尼时期有一种旧石器文化的表达，尚未发现任何构图，也没有任何构思。符号和图的配对，如一个礼拜太阳旁边或男性形象或女性形象，或者一个动物、一个符号，这是从新石器时代 I 期的卡莫尼文明的记录。在 II 期，大量的纪念碑群组，在新石器时代晚期，雕刻一般不塑造一个活动的瞬间，而是抽象概念。场景是纪念碑，理想化的、永恒的，例如有崇拜的人物群体。在纳奎尼 50 号岩石，其中 34 个人物布满了 4 平方米的岩面。我们还不知道这组数据是不是可以考虑只是一个场景，然而，他们是一群和谐的很有组织的人群。我们可以相信这些尝试是为了描绘一个意图，因为他们遵循一个一般的概念性视觉。

现实的成分已经发达起来，在梵尔卡莫尼卡山谷的现阶段艺术正在演变。正如上面提到的大群体，他们完全是用线条，圆点是被凿琢出来的。后来，我们还能够发现类似的图形，它们似乎是地形图和村庄的领域，无论是真实的存在或是虚构的想象。大型的偶像是第 II 期结束的特点，往往发现由相互依存的图形组成，即使有时其意义难以辨认，但有太阳盘和叶片组成，或那些圆盘和周围的东西，都是成功的例子。

构图场景达到最高水平的和谐是在第 III 时期，在与 III／A 阶段相对应的纪念碑式的构图和巨石雕像都有伟大的发展。这是一个例外的朝气蓬勃的和均衡严整的艺术思潮，在这一时期很广泛的地区兴起，它深刻影响着整个阿尔卑斯山其他地区，不光是在岩石艺术方面，特别是还包括意大利的梵尔卡莫尼卡山谷和瓦尔泰利纳（Valtellina）地区其他的知识领域。

　　在Ⅲ／A 阶段，这个时期的句法在构图上有新的特点。纪念碑的构图完整和协调是它们普遍的要求。所以他们的总体效果和谐完美，当我们观察亚西莫（ossimo）的糙石巨柱、茄莫（Cemmo）的岩刻、博尔诺石碑、巴诺洛（Bagnolo）的石柱和卡比特洛的（Capitello）的岩石，它们每个部分都有一个明确的功能，在整个主题中是准确地发现在其专业的、合适的位置上。有相同图像的重复，但不在同一位置，所以他们可以称为"有规律的对称"。这当然是一个概念，奠定了艺术家有一定自由流动的构思。

　　在帕斯帕多（paspardo），有一块俗称"五个匕首岩"的岩画点，刻了三把匕首，两把匕首相对，其三则不一样。在博尔诺（Borno），太阳是占主导地位的主题，出现在一边而不是在纪念碑构图中心。即使两个眼镜片，刻有对称的吊坠，然而，这并不能阻止每个图像都有自己的价值和它的在构图中拥有明确的位置。我们可以在这些作品欣赏到美感，它们距离今天已有 5000 年了（E. 阿纳蒂，1982 年）。

　　在Ⅲ／A 阶段的卡莫尼（camunian）艺术虽有象征的成分，却有相当大的画面是更温和的描述艺术（特别是春耕的场景），制作在水平或倾斜的岩面上。这种描述的艺术，第一次去尝试凝固某一刻的场景，虽然是一个理想化的，从他们的艺术构思看却在更接近现实主义，这一过程将在以后有更大的发展。在前一阶段，人物的描绘几乎完全是在传统的、静止的和崇拜的状态。但在现在这时候，舞蹈场面、男耕和一些武装人物出现了。在这些图案中人物往往是用线条画成的，但有些情况如老的程式化以及僵硬的和呆若木鸡的特性，变得越来越多的积极活动的人物和形式。

　　场景要求有越来越多的节奏，在第Ⅳ期的开始，生活逐渐在艺术中流动。现在，艺术家构思了，也描绘了人类更多种多样的活动，更多种多样的姿态。渐渐地男人们所有的日常活动，如狩猎、战争、手工制作工艺品、耕作、建筑小屋舍、宗教仪式、祈祷等等都得到了表现。当时职业的写照不再是唯有重要的人物在活动。同时，事件有时也成为雕刻的主题，构图本身往往被忽略。动态节奏冲击静止的图形，但新的比喻、描述性观念和构思仍试图突破传统的东西，各种当时职业的写照也都成为岩画描绘的对象。当然，在这些活动当中宗教活动和祈祷礼仪是最为重要的。

图62　梵尔卡莫尼卡铁器时代的岩石雕刻画

农业劳动的场景，有一个犁，几个人在用锄。下部可以看见作者的标记，还有签字或是部落标志，旁边是个小点，意指"干"。有只狗的形象，旁边是个点，可能有同样的含义，动物图腾代表氏族。

艺术家们展示自己在第Ⅳ期结束阶段的观察的精神，引导他们发现新视角的规则。到现在为止，如小屋或犁的主题，主要表现在地面的计划或从高处看到的效果。对我们来说，这样的比喻表现似乎更抽象，有综合的识辨力，更多的"知识"。在那些与后来的比较，事实上，我们或许会有相反的推断，由于卡莫尼卡山谷演化序列，他们应该是更直接的和本能的。同样的，它是令人怀疑的，它将被允许在一个意义上或另一个意义上得出任何结论。这是不同的问题从认知到舞台视觉转移的不同方式，也有每一天的事件分析从先入为主的模式（图63）。

　　在铁器时代是艺术创造力最大的时候，岩画的场景在第Ⅳ／C 阶段，动物的大小变化，根据他们相对于观察者的位置，最远的动物也更小，同样地，车轮的直径和它们之间的距离也会有所不同。有一些有趣的细节，如他打开自己的小屋、楼梯。以前从未见过类似的东西。人们可以感觉到一种新的看待和思考的方式，更多的是基于事实和图像，青铜时代的综合和象征概念已经几乎完全被抛弃了。可以说，岩画艺术家的构思场景有更少的教条和更自由的表达。

　　——译自《VATCAMONICA RISCOPERTA》，第 35～42 页。

阿纳蒂论岩画

第三部分

论中国

*Anati
on
Rock Art*

中国岩画发现史·序[*]

许高鸿　译

<h2 style="text-align:center">一</h2>

1984 年 7 月，卡莫诺史前研究中心第 21 期学报上，刊登了一篇世界岩画研究的报告。在岩画分布图上，被苏联、蒙古、巴基斯坦、阿富汗和印度这些重要岩画地区包围着的中国却是一个空白，报告指出目前几乎没有来自中国的消息。

一年以后，即 1985 年 4 月，该学报上又发表了一封读者来信，署名为北京中央民族学院研究室主任陈兆复，信中对世界岩画分布图上中国的空白，表示愤愤不平。作者写道："事实上，最近 30 年来，中国发现的岩画地点有 100 多处，但这些却很少为国际学者所知晓，对这些岩画点的研究工作正在进行。"

经过一系列的通信，使我们相信陈兆复是一位潜心研究中国岩画的学者，因此，邀请他为卡莫诺史前研究中心撰稿，文章于 1986 年发表在第 23 期的学报上，题为《中国古代岩画》。同时，由于意大利外交部热情地提供奖学金，他来到了卡莫诺史前研究中心。在一年多的时间

---

　　[*] 编者注：1986～1987 年，我在卡莫诺史前研究中心度过了一年半的时间，并在这里完成了《中国史前岩画》一书的英文稿，时任国际岩画委员会主席的阿纳蒂教授为此书撰写了一篇热情洋溢的序言。此书 1987 年在米兰出版了意大利文本，此后，1988 年在巴黎出版了法文本，1989 年在苏黎世出版了德文本。1991 年中文版出版时改名《中国岩画发现史》。

里，他一方面学习卡莫诺岩画的研究经验，另一方面完成了现在我们看到的这本有关中国岩画的著作。

　　陈兆复的这本著作有其重要的人文价值，笔锋又往往充满诗意，表现出他对自己祖国强烈的爱。同时，从陈兆复在这本著作里所发表的资料看，正如世界上其他120个国家一样，中国也有着非常丰富的岩画遗产。其中，有一些非常重要的地区，如云南的麻栗坡岩画，代表着一种巨大的原始创造力；广西的花山崖壁画（图63），数百米长的画幅，说明几千年前他们已经有了自己的“圣殿”。

图63　广西左江流域花山崖壁画

　　这些文化遗产的历史信息，哪些是属于现在中国文化的一部分？本书勾画了这种信息的大线条，对于理解人类的历史和文化，都是极有意义的。由于以前人们知道得很少，或根本不知道，所以这本著作的发表，无疑是一个里程碑，又像是拉开了一个研究新领域的序幕。

二

中华人民共和国是世界上人口最多的国家，就其地理位置来说，它又占据了人类地理学上的关键地区。实际上，在亚洲大陆，人们所知道的古人类的遗迹是在中国，例如在北京周口店的岩洞里，除了发现猿人骨和大量石器外，还有灰烬的痕迹。50 万年前，这里就已经有人使用火了。

当然，在那个时代还谈不上艺术，据我们所知。艺术创作是晚期智人独有的特点，它的出现仅是 4 万年前的事。中国的黄河、长江、辽河流域，直到今天仍然是人口最稠密的地区，这里不仅是中国文化的摇篮，同时也向南、向北、向东太平洋传播和扩散了人口和文化。这里也是最富饶、最肥沃的地区，却也是现在我们知道的中国岩画最贫瘠的地区。

根据世界上流行的看法，岩画集中分布在今天的沙漠和半沙漠。这里被视为人类生存资源贫乏的地区，人口也低于平均的密度。在这个意义上，中国岩画分布的特点也反映了这一个普遍的规律。

大部分的岩画分布在长城以外，那些地方是另一番景象。广阔的戈壁大沙漠、内蒙古大沙漠，南至喜马拉雅山，北到西伯利亚大草原，西边一直绵延至兴都库什山脉和哈萨克斯坦平原。这里大部分是干旱和半干旱的地区，也许是远古游牧路线的地区，居住着可以说是从最富饶地区被赶了出来的弱小民族，他们别无选择。

据知，远古时代亚洲主要的游牧路线，一条是朝勒拿河流域、东西伯利亚、堪察加半岛和白令海峡方向；另一条是由恒河河谷朝东南亚方向。这两个地区跨度很大，资源丰富，正如本书所指出的，中国的广大地区也包括在内。

三

从目前掌握的资料看，中国的大部分岩画具有"混合经济"的特点，它们是由早期农耕地区，或其边缘地区的人们所作，有农耕生产者的作品，也有游牧部落的作品，还有使用弓箭的狩猎部落形象。

当前还没有发现可以确定属于"早期狩猎者"的作品，也就是那些狩猎大动物而不知道使用弓箭的部落的作品。实际上，这种艺术类型的特点很显著，无论是主题和风格上，或是大动物形象和象征符号的结合上，都是很特殊的。这种艺术被认为是属于 10000～12000 年以前的作品。

在西伯利亚和印度发现过这种"早期狩猎者"的岩画。在南乌拉尔山的喀珀瓦和伊纳梯瓦洞穴的动物图案，类似于欧洲旧石器时代的作品。同时，在卡卡波、马耳他、卜里额特、贝加尔湖和卡波尼奥湖周围地区，都找到过可移动的小型艺术品，^{14}C 测定为距今 32000 年左右。

在印度的皮摩波特卡和中央邦，也发现了距今 22000 年前的岩画和可移动的小型艺术品，但是在中国却没有。考古学的发现，证明人类来到中国这块土地上早于晚期智人的时代，所以没有理由说中国不存在"早期狩猎者"的岩画。发现这种岩画应是将来学术界的任务。

被认为具有后旧石器时代风格的作品，是在阴山地区发现的某些动物图形。这些动物在今天的内蒙古早已不存在了，这说明在创作这些岩画形象时，当地的气候与今天不同，大概是在全新世开始时期，也就是说在距今 12000～10000 年。

四

后旧石器时代风格是以描绘大型动物为特点，经常表现被标枪刺中的猎物，并带有受伤的痕迹。这种风格在某些地区标志着岩画艺术的开始。在欧洲，它特别分布在斯堪的纳维亚国家和卡热里亚；在中东，出现在土耳其、阿拉伯半岛、内盖夫和西奈沙漠地区；在亚洲，又集中分布在苏联、中亚的一些地区和西伯利亚。到目前为止，在中国领土上发现的最古老的岩画，似乎也是属于这一类型的。

"后期狩猎者"的艺术，这些猎人手持弓箭，根据地区的不同，猎取羚羊、鹿或其他中等大小的动物，他们一小群一小群地生活着，在内蒙古、宁夏、其他一些省份，有些部落可以追溯到几千年前。但是，这种被岩画表现的生活方式也可能持续很久，当长城以东出现帝国，并发展了精致文化的时候，在边陲地区仍然保持了这种行猎的生活方式（图64）。

图64　《动物群》　西藏岩画

"牧人时期"的岩画，表现的特点是多种多样的，无论在南方或内蒙古，这种艺术都与蒙古和哈萨克牧区有联系，反映出至今仍然保留下来的古老风俗。第一批岩画可以追溯到库尔干时期牧牛民族扩张到亚洲的年代，约公元前4000～3000年。据说，有两股特别密集的潮流，一次是在公元前1000年，塞族部落的一次迁移；另一次是公元1000～1500年的伊斯兰扩张。在后一次的背景中，出现伊斯兰文字是极有意义的证明；它的观念、宗教和有关的社会现象，在今天的亚洲仍有重要的分量。

五

这本书里发表的资料，绝大部分是"混合经济"民族的作品，这大概是中国岩画的主要部分。

一个最古老的现象，就是围绕着太平洋沿岸，人面像岩画分布在一个广阔的地区。这些类似魔鬼的形象，有时长角以及其他动物的器官，在脑袋上，经常带着一圈光环，或者戴着一顶帽子，最令人注目的是两个大眼睛，一般是圆的，大得与脸庞不成比例。

在没有了解到中国领土上的人面像岩画以前，人们曾猜测，这些岩画是由一个采集、狩猎民族，或早期的耕作民族所作，描绘的是长着无所不见大眼睛的人兽祖先的神灵，是人们赖以生存的土地的保护者肖像。

早在1969年，我们研究了环太平洋地区这种特别典型的岩画和它可能包含的观念特点（《研究中心学报》，第4期）。苏联学者 B·A·弗罗洛夫和 K·蒂莫菲娃，出版了这方面的著作。A·奥克拉德尼科夫对在黑龙江发掘的公元前6000～5000年的陶罐上的图案进行了研究，类似的图案也在澳大利亚发现。

一个时期来，人们也沿着加拿大不列颠哥伦比亚省的西海岸和美国华盛顿州发现了这种岩画，据推测它们可能源于亚洲。

现在，中国也发现了大量的这种人面像岩画（图65），这个事实是有重要意义的，人们可以拿它来证实观念传播的理论。当然，这里还有许多推测的成分。推测是具有吸引力的，但是由于亚洲、澳洲和北美巨大的距离，使得人们在未对这类岩画地区做深入研究之前，表现出谨慎的态度。

我们获悉，在黑龙江新石器时代遗址中找到的这类图案是在距今8000～7000年前的陶器上。爱德华兹认为澳大利亚的人面像岩画，也有着类似的年代，但那里没有陶器，不能谈到新石器。在加拿大不列颠哥伦比亚，现在还没有年代的意见，据说可能是由采集、渔猎的民族所作。在中国，这种现象存在很久，开始的时间大概类似于黑龙江的新石器时代。

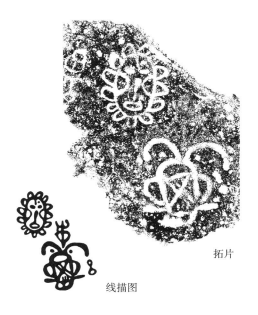

拓片

线描图

图 65　宁夏贺兰山贺兰口的人面像岩画

六

在史前时代的晚期，中国岩画发展了有地区性的特点，而且随着时间的推移，特点越来越显著，它向我们展示出本土形象的风格和自治观念的倾向。事实上，从岩画中反映出长城外的民族的历史粗线条，使我们能够了解到这段历史的一些侧面。

这些民族，除了不时地给中原皇帝的安宁带来麻烦外，也有着自己紧张的智力生活。岩画表现他们的活动、社会事件，以及在他们经验上升的时刻，表现出来的超自然的形象。当经济生活变得更加复杂，人们可以在岩画上看到分工的具体化，诸如耕作、畜牧、手工业、贸易，加之程度不同的采集和渔猎。

很有意义的是在岩画中出现的许多象形文字，它们与岩画成为一体。这种现象在内盖夫、西奈以及其他地区的岩画中也曾发现过，似乎是一种最初文字的雏形。在这个背景下，掌握中国的材料很重要。陈兆复在本书中把中国岩画的许多象形图案与 3000 年前中国的象形文字联系起来分析，这对探索文字的起源无疑是十分有意义的。

　　简而言之，在目前中国发现的所有岩画中，我们可以认识到下列的背景，及其不同的传播。旧石器时代之后的狩猎者，约公元前 10000 ~ 6000 年。后期的狩猎者，约公元前 8000 ~ 4000 年，以及可能的延续期和停滞期。游牧饲养经济，约公元前 3500 ~ 2000 年，有两种传播现象，一种在约公元前 1200 ~ 200 年，一种在公元 900 ~ 1600 年。人面像，约公元前 5500 ~ 3500 年，个别的时期可能更晚。土著混合经济，约公元前 6000 年，有些地区今天仍然存在。

　　岩画的断代是一件复杂的工作，有待于进一步的明确。从目前的研究情况看，这只是最一般的说法，随着研究工作的进展，断代将会越来越细致、越来越精确。

　　这本书是陈兆复开拓性的工作，也是第一步的工作。他的成就，除了对中国历史有着重要贡献之外，同时对艺术史也有着特殊的意义。中国岩画应该成为全人类的文化遗产，我们祝愿这本书的出版，将开辟远东史前艺术研究的新道路。

　　——译自意大利文本陈兆复著《〈中国岩画发现史〉序言》，CINA
　　　L'ARTE RUPESTRE PREISTORICA，JACABOOK，VIA A SAFFI
　　　19，MILANO，米兰，1986 年。

中国的岩画，
一种更晚近的艺术？

刘建　译

　　中国的岩画艺术过去实际上是不为西方世界所知的，直到陈兆复（1986年）用几种欧洲的语言出版了他的几部最初的著作之后，情况才有所改变，他在那些专著中介绍了30多个地区，这些地区主要位于中国的中部和西北部。从那以来，人们了解的数目又增加了一倍。今天，对中国岩画艺术的研究激起了极大的热情，许多专家潜心于此。在过去的20多年里，中国在这个领域也大步跃进。我国举办了有关这个主题的一次次国际会议和小型会议，出版的图书100多种，发表的文章就更多了。

　　近期有关于旧石器时代的发现尚有待证实，尽管如此，除了几个图案可以追溯至这一文化的最后阶段之外，目前我们还不知道有任何遗址可以确定为属于早期狩猎者时期。有些流动性艺术品可以推定为旧石器时代的作品。另外，还有进化了的狩猎者和牧人的作品，但目前所知的中国岩画艺术的绝大部分是复合经济族群的作品。这些族群创造了多种多样的风格——绘画的以及雕刻的岩画，通常属于过去五六千年来的狩猎者、务农者、饲养者混合经济部落所作。

　　中华人民共和国作为世界上人口最多的国家，它的某些区域由于位置的原因而成为人类地理的关键地区。实际上，亚洲大陆上已知人类最早的遗迹就是在中国发现的。在北京附近的周口店，考古学家们在人类活动的地层中发现了头盖骨、大量的石器以及炉火，这是世界上最古老的炉火之一。远在50万年以前，就曾经有人在这个地点为炉火添柴加薪，但在那个时代，显然还谈不上艺术的问题。

　　沿海的省份，特别是大江大河靠近沿海的谷地，比如辽河、黄河和长江，在远古的时候就有大量的人口涌入而居，如今，这些河谷仍是人口最密集的地区之一。这些地区作为中国文明的摇篮，从南方、北方以及太平洋（也就是东方）吸收了文化和人口，但也同时向南方、北方以及东方传播了文化，输出了人口。这些地区在中国是最富裕、最肥沃的。不过，就目前我们所了解的情况而言，这些地区在史前艺术方面则乏善可陈。这证实了我们以前所描述的通常的情形，那就是，史前艺术的主要密集区位于现在的沙漠或半沙漠地区，我们可将之称为边远的、边缘的地区，这里资源贫乏，总之，具有人口密度低于平均水平的特点。

图66　内蒙古曼德拉岩画

岩石雕刻画。戈壁沙漠的岩石雕刻，个性化岩画表现的经常是蒙古族的英雄人物，这些人物出现在这个半游牧民族形成的史诗中，这个民族主要从事牲畜饲养和对其他部落的劫掠。

中国大部分岩画艺术的遗址都位于长城以外（图 66），也就是在具有中国的"另一面"的地区。戈壁沙漠、内蒙古、天山和新疆是辽阔无垠的国土，它们的南面是西藏和喜马拉雅山脉，北面是西伯利亚大草原，往西可延伸到兴都库什山脉、喀喇昆仑山脉和哈萨克斯坦的草原。这些地区大多位于丝绸之路的南边，居住条件多为干旱和半干旱。这些地区可能也远离史前的那些主要的迁徙通道。换句话说，这些地区是那些最弱小的部落的避居之所，他们别无选择。

亚洲史前的主要迁徙通道中，一部分是沿着长长的勒拿河谷和西伯利亚南部的其他河谷向楚克特卡（Chukotka）和白令海峡行进，另一部分是沿着恒河河谷向东南亚行进。中国大陆横亘在这两大重要的通途之间，这两大通途资源丰富，人类经此而走向四面八方。

我们所掌握的资料中最为显著的特点之一是，在中国所有地方都能看到，其全部的岩画艺术具有整体性。这一艺术中的绝大部分都表现出了复合经济族群的特征。岩画是由几支从事某种初级农业或是辅助农业的族群所为，总之是由粮食生产者创作的。不过，人们还发现过几幅牧人部落的作品，还有几个地区的作品是由主要从事引弓狩猎的民族创作的（图 67）。

图 67　贺兰山早期狩猎者岩画

宁夏，贺兰山。一组刻得很深的外阴图案。这是早期狩猎者艺术中重复出现的题材之一。

就目前来说，中国所有已知的这类艺术最早都是 12000～10000 年前创作的。然而，我们当然有权怀疑这片国土上没有更早的艺术之作，既然无论在西伯利亚还是在印度都有更早的岩画。在乌拉尔地区，卡普瓦（KapOva）和伊格纳提瓦（Ignativa）岩洞里的动物图案使人联想到欧洲旧石器时代的那些动物图案，而在卡拉—波姆（Kara-Bom）、马尔塔、波西埃（Bouriet）和贝加尔湖区的其他地点，人们在距今 30000 年前的考古地层中发现了流动性的艺术物品。

中国北部最古老的艺术创作品之一是一系列散布在这片广大地区的图案，这片地区从宁夏和内蒙古一直延伸到太平洋沿岸。这是些有人形面具的怪物的图案，有时还有角、耳朵和其他动物特征，许多图案的头上还有光环或薄布饰物。最突出的因素是两只大眼睛，眼睛经常是圆的，而且与脸部其他器官相比，眼睛大得不成比例。在中国的岩画被发掘出来以前，人们曾经认为，这里的某个采集狩猎者或从事初级农业的族群崇拜人兽形的祖先魂灵，这些魂灵长有"千里眼"般的大眼睛，他们用这些魂灵的图案来表现保护神的模样，这些保护神庇护他们赖以生存的土地（图 68）。

1969 年以来，人们发现这种特别的图案及其使用的概念在环太平洋沿岸都存在。俄国研究人员弗洛罗夫（B. A. Frolov）和蒂莫费埃瓦（N. K. Timofeeva）发表了有关这些岩画的图案，阿列克谢·奥克拉德尼科夫研究了一些陶瓷罐上的相似图案。这些陶瓷罐的年代是公元前第 5 个千年到公元前第 4 个千年时期的，出自西伯利亚和中国交界处的黑龙江盆地。与此同时，罗伯特·爱德华兹（Robert Edwards）在澳大利亚也发现了相似的图案。很久以来，人们就知道，在加拿大不列颠哥伦比亚省和美国华盛顿州的西部沿岸有相似的肖像图案，大家曾认为这些图案的发祥地是亚洲。

因此，在中国的发现是重要的，因为这些发现可以证实概念形态的种类是可以传播的理论，而以上所说的就是一种反映。这在某种程度上可说是一种思想的"载体"，由同一种视觉语言传递。这种假说很迷人，不过，只要这种现象在其所产生的各个地区还没有被更深入地研究

图68　贺兰山人面像岩画

宁夏，贺兰山。一组图案。在同一块岩壁上，属于放牧为主的复合经济族群
的。圆形和椭圆形的面具代表的是天神，正方形和长方形的面具表示地神。

的话，则横亘在亚洲、澳大利亚和北美洲之间的距离如此遥远，这个事
实将促使我们小心翼翼地面对这个假说（图69）。

　　我们知道，在黑龙江河谷，这样的图案是伴随着新石器时代的居
所以及公元前8000～前6000年的陶瓷器同时出现的。罗伯特·爱德
华兹提出澳大利亚具有相似的年代定位，但是那里既没有陶瓷也没有
新石器时代。不列颠哥伦比亚省的图案尚没有年代假说，不过，周围
的背景显示，采集者、狩猎者和捕捞者创作过这类图案。在这种情况
下，那里也谈不上什么新石器时代。在中国，这种现象可能与黑龙江
地区的此类艺术创作开始发生于同一时期，随后，在很长的一段时期
里蔓延开来。

　　到史前时代结束的时候，中国的岩画艺术越来越具有地方化的特
点。这些岩画向我们揭示出，不同的特性和具有地域色彩的形象风格逐

图 69　贺兰山鹿石岩画

宁夏，贺兰山。神秘动物的岩石雕刻画，年代为早期阿基泰人文化阶段（公元前第 2 个千年结束的时候）。最小的那些图案——动物形的和人形的，可能是在很晚以后才加到那些大型图案中去的，时间是公元前第 1 个千年，属复合经济族群。

渐发展开来，各个部落获得了概念上的自主自立。实际上，我们可以说，岩画艺术表现的是边缘地方不同民族的历史的宏大线条，对于这种历史，我们直到现在也只有间接地了解。这些族群具有频繁活跃的智力生活，偶尔也搅乱一下中原皇帝们的和平生活。他们用画来表现他们的各种活动、他们所经历的重要时刻、超自然生灵的形象、有社交意义的事情以及他们日常生活的方方面面。

视觉语言最古老阶段的风格和题材开始变得越来越个性化，这种情况反映了历史的发展状况。在这个过程中，各个族群具有了特定的特征、特别的而又不同的服饰以及各自的行为准则。这种现象在各个族群开始多样化并在不同的经济领域分工的时候就开始出现，也就是说，当农业、牲畜饲养、手工业、商业或是有系统的物物交换开始以不同的程度补充野果采集、狩猎和捕捞时，个性化就会出现。

岩画艺术使我们看到家畜在增长——犬科、山羊、羊、牛科、猪科、马科、骆驼科。岩画艺术还向我们展示了新技术的出现，弓和箭、带车轮的车、金属类武器（如匕首和剑）、盾牌、头上的薄布饰物、服装、乐器（比如鼓）、浇祭用的大容器、不同类型的简陋房子和住宅等等。这些图案中所包含的表意文字也是一个重要方面，因为这些表意文字宣示着以后将要出现的文字会是什么样。这种现象在内盖夫和西奈以及其他几个地区的岩画艺术中已经出现过，表意文字看起来已经在起着与早期文字相似的作用。从这个观点出发，画所提供的资料则是太有趣了。由此，陈兆复毫不犹豫地把某些种类的螺旋线归为"雷电"或是"乌云"，这些螺旋线在中国文字中获得这样的含义已有差不多5000年的历史了。他把许多岩画艺术的符号与早期的表意文字联系了起来，这些早期表意文字所指的含义有天、地、河、雨、水、太阳、田、房、山、男、女、弓、一些动物、各种工具和器具，或者还有表现数字的符号。

目前，要在中国建立一个岩画艺术风格顺序的年代图表尚不可能，因为狩猎者、牧人和从事农业者的不同的艺术风格在数千年的时间里好像一直相伴而生。

图 70　新疆呼图壁岩画

乌鲁木齐，呼图壁。放纵的舞蹈场景，有性行为和男性勃起。最高者的身体上有幅面具。

　　对亚洲地区的简要概括表明，四个大的发展阶段相继发生早期狩猎者只在西伯利亚才算为数不少，不过在印度和中亚也存在过小股的早期狩猎者。进化了的狩猎者的繁盛表明艺术创作性的大发展，这可能是在全新世发生的（前10000～前7000）。牧人饲养者的艺术集中出现在中亚大草原和中国西部的几个地区。复合经济族群的艺术则是在整个亚洲大陆散布开来，而且至今还在一些省份的部落艺术中保存着（图70）。

　　——原发表于《艺术的起源》（意）阿纳蒂著，刘建译，中国人民
　　大学出版社，2007年，第259～270页。

对话阿纳蒂

刘五一　译

本文为 2010 年 9 月 12 日晚上，在新郑市电视台演播大厅笔者与联合国教科文组织顾问、国际岩画委员会原主席、卡莫诺史前研究中心主任阿纳蒂教授就具茨山岩画研究相关问题英语对话的中文译稿。

刘五一：您好，尊敬的阿纳蒂教授，很荣幸能够邀请您在这里和我交流。我们今天的活动安排得非常丰富，上午在黄帝故里，参加了拜谒中华文明始祖轩辕黄帝的仪式，一起参观了藏品丰富的博物馆，下午我们还驱车到雨后的具茨山山顶查看具茨山岩画。我想问您几个问题，您如何看具茨山岩画？我们该如何保护具茨山岩画？因为我们的岩画是不同于其他地区的，在中国中原地区尚属首次发现。由于天气原因，我们不能到达山头去看另外一处具有代表性的复合多种类型的岩画点，它已经遭到了破坏，很是可惜。我们期待您的指导！谢谢！

阿纳蒂：今天是个很美好的日子，我很高兴参加了一系列的活动，参与了拜祖的仪式，参观了博物馆，并且攀登了具茨山。我认为有三件事情是相关联的，今天一整天参观的三个地方是历史上这个地区三个不同的标志。博物馆是一个保存实物展示的地方，拜祖仪式是一种保存记忆的方式，而具茨山岩画则是一个呈现神秘世界的艺术。我认为选择这个位置很有意义，在山顶可以看到无限的风光，人们并不是一开始就到那里。起初他们没有其他的地方可以去，所以就到了那里。因此，我认为人们在那里从事的活动应该与风景有关。从山顶俯瞰整个风景，环顾四周，可以从那个地方看到两种类型的标志，有方形的特殊标志，还有一系列的杯状穴。杯状穴有的深，有的浅，有的连接着一些小沟流，有的单独分离出来。毋庸置疑，这些杯状穴不仅仅是游戏或是在岩石上乱写乱画。这些岩画的背后一定有其极为重要的意义。

刘五一：或许是与神圣的东西有关？

阿纳蒂：任何事情都可以是神圣的，如果人们相信神圣，那就是神圣的；如果人们不相信神圣，那就不是神圣的。这只是一种相对的解释，所以我不会选择神圣这种说法，但是它们的存在肯定是有原因的。我认为风景起着很重要的影响。古人到达那里，他们发现在那个地方能看到周围的一切。山上有不同类型的雕刻，这些雕刻都有寓意。世界上任何地方都会雕刻一些与土地有关的东西。如果有的雕刻是一个大方块，里面包含很多的小方块，这一定与土地的理解或分配有关。这些杯状穴也许有很多不同的用法。一些很大的杯状穴（我们这里没有很大的），是用来盛水的，但我不同意这种观点。其他的杯状穴可能是与占卜未来有关的，在非洲、澳大利亚、印度就有这类活动。这种图案分布很广泛。

刘五一：您的意思是现在一些地方仍然有这样的占卜活动？

阿纳蒂：是的，现在仍然有这样的活动。在一些部落，他们使杯状穴与一些小的沟流相连，往里面注入一些液体，有两三种不同的颜色，看看液体流动的情况，观察哪种颜色先到达，以及它们是如何融合的。

刘五一：不同颜色的液体融合之后是如何变化的？

阿纳蒂：是的。在水里混合一些不同颜色的土壤，颜色能够变淡。用一些红色的、白色的和棕色的土壤，或者其他不同的物质，例如血液和尿液，观察它们是如何融合和变化的。从这些混合物中，古代部落里的智者就可以占卜未来会发生什么事情。这是其中一个可能，当然也有其他的可能。许多人认为这些岩画描述的是星座。有的地方存在一些这种用途的杯状穴，可以用它们观察天空，但我认为这里的情况可能不一样。只有当一个地区的星座特别明显时，才会用它们描绘星座。我们没有发现六个相互联系的杯状穴，也没有这种类型的星座，因此我认为不是星座的原因之一。这些岩画最大的可能是占卜未来，但是不见得是唯一的解释，一定还有其他的可能。我认为，这些岩画应该像其他地区的岩画那样，通过同一个地区不同地点的研究比较，然后才能得出答案。如果有数以百计的岩画统计，可以给出一个统计的结果。如果仅仅是三五个，十个八个的岩画，很难给出一个正确的统计结果（图71）。

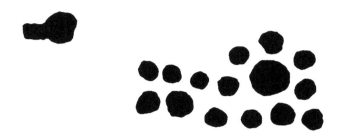

图71　《散状凹穴》　具茨山岩画

刘五一：从2008年的8月，我们在两年的时间里面，按照国家第三次文物普查的标准对具茨山的岩画进行了一个较为详尽的调查。我们取得了2877个岩画点的数据，建立了中国第一个岩画的数据库。

阿纳蒂：不是单独的雕刻，而是岩石？我认为这些是用于研究的很好素材。

刘五一：我们已经有这样的数据库了。

阿纳蒂：这是一个很好的数据库，相信有如此大量的用于研究的岩画，很快就能够找到答案（图72）。

刘五一：您作为联合国教科文世界岩画委员会的主席，也是这个领域的最高权威。我们已经建立数据库，但我们的研究需要来自不同方面的权威共享成果，您的帮助是我们最大的期盼。

阿纳蒂：好的，我告诉你都需要做什么。首先不要管岩画的寓意，先精确记录一个岩画石的表面。如果你们是在现场取记录，就使用拓印的办法，使用大米纸，润湿之后把所有的拓印下来，这样就记录下整个表面。然后再在表面上找北边的方位。如果它是倾斜的、垂直的或者平坦的，你们所需要的就是在四周自然的风景所看到的。如

图72　《双咀散穴与沟槽》　具茨山岩画

果在精确记录岩画的过程中考虑到这几种不同的要素，通过定位足以找到哪边是北方、指向和斜坡。如果不考虑这几种要素，那么对于看到的画面会有上千种描述，可以得到不可思议的结论。因为你们找到了杯状穴之间的联系，就会自动得出这样的结论。有沟流还是没有沟流，这些方穴和杯状穴关系又是什么？如果精确记载了这些岩画，所有的结论都会自动出现。只有从这个观点出发，我们才能进一步的确定。如果在其他地区有些观点成立，并不意味着同样适用于这里，与你们明白情况是完全不一样的。所以，我们从其他地区了解到一些经验，要验证一下是否也适用于你们地区。这些方穴和杯状穴和风景是有联系的，通过这些分析，我们就会对这些数据有个大概的认知了解。因此，我们可以进一步了解到做这些岩画的人的想法和动机。做到这些是需要技术方面的方法，如果我们拥有了数据，这些就会非常容易得到。

刘五一：是的。正如您所告诉我的，使用统计和数学的方法可以很容易地得到结果。

阿纳蒂：你们需要一些对比分析，这些很有帮助，它们可以给你一些提示。我可以肯定的一件事是，这些刻画或者我们今天所看到的任何东西都是牧民的作品。他们是一些游牧的牧民，我不知道他们会放养什么动物，也许他们的生活很浪漫，他们把这个地方当作固定的场所。他们可能一年一次或者两次来到这里，进行一些活动，重新分配土地，给每个部落一块不同的牧场，或者根据这些神奇的岩石，占卜在今后的一年会有什么事发生，这些在当今的一些部落仍然存在。还有另外一种可能，而且这种可能与其他的可能并不相互排斥，并且还可以与其他的可能同时存在。例如教师、老人和占卜的哲人等等指导少年成长的人，有可能把这个地方用作教育年轻人的学习场所，所以在杯状穴以及杯状穴的周围，也许是教育的场所。这是一个神奇的地方，这些岩画使这个地区的历史研究翻开了新的篇章。有了这些很好的原始资料，可以进行深入的研究，可以放心大胆地研究。

刘五一：谢谢。您知道我是这方面的新人，我的专业是化学。对于岩画的研究，您研究了很多年，是这方面的最高权威。在岩画的研究方面，您告诉了我们该怎么研究，并对这个地区岩画的用途做出了大量的猜测。我需要告诉您的是，新郑是一个很特别的地方，我们在新郑发现了很多的文化遗存，例如唐户遗址，它的年代上至 10000 年到 9000 年、8000 年，下至 3000 年，裴李岗遗址里面发现了大约 8000 年的文化遗存，还有传说中的黄帝，有着 5000 年的历史，这些都是证明的证据。而在新郑建都长达 539 年的郑国和韩国两个朝代，留下大量精美绝伦的青铜器。这些在博物馆里面都有展示。这些年来，这些特殊地方和人物以及事件，影响了新郑岩画的出现，一定预示了什么？到底是什么呢？是史前的吗？我们需要和别人合作共享这些成果。请给我们一些建议。

阿纳蒂：我很高兴能够给出我的建议。对于你的问题，我可以提前告诉你，这不是一个城市社会，也不是一个封建社会。这是一个放养动物的部落社会，属于半游牧民族，他们不是旧石器时代的，也不是狩猎部落，而是存在于 8000 年前到 2000 年前的游牧民族。如果你们没有其他的发现，这点我是可以确定的。如果在岩石的周围做一些生态挖掘，就会发现他们留下的火堆和陶器的痕迹。这些能够帮助我们推算出人们在这个地区出现的时间。据我所知，人们在这里出现的时间不仅仅有一个时期，应该至少有两个不同的时期。如果挖掘并发现一些遗迹，你们可以计算出这些不同的时间，也可以通过发现一些木炭，研究 ^{14}C 等成分。挖掘出来的陶器可以帮助我们估算年代，也可能会有一些燧石或石核工具。在岩石周围一些小型挖掘能够帮助我们找到更多细节。我不确定在这个地方的人是不是汉族人，他一直都在那里，为什么不会是古代的汉族人在浪漫游牧的民族里呢？我们不能确定时期，如果在现场能发现一些蛛丝马迹，就可以确定时期。如果在附近发现陶器、火堆和人们住过的地方或做过的事情，所以他们肯定留下一些遗迹，通过这些遗迹，就能做出推测。总之，人们来到这个神奇的地方不只是为了欣赏风景，而享受这奇妙的景观，已经成为另一种体验。所以，我认为这个地区的古人已经有开发土地的意识，他们认为这是一块开创文明的好地方。我敢说如果他们能，他们一定会攀登上来开发这块土地的。

刘五一：是的，谢谢，情况就是这样的。从历史的角度来看，我们拥有大量关于黄帝的遗迹，传说黄帝在新郑出生、创业、建都，他在四周做了大量的事情，而不是仅限于这个城市，因为当时还没有城市的概念。我们有如此多的遗迹，比如村庄的名字等。没有你说的瓷器、木炭等证据，但是有与此相关的证据，在裴李岗文化中，我们发现木炭以及一些枣核，里面的^{14}C成分显示了准确的年代。对于这里的岩画，它们被一年又一年的泥土覆盖。在我们所参观的两处岩画中，上边大约有26～29厘米高的泥土，根据一些专家的研究，推测它们至少形成于4000年前，这就与你所见到其他由金属刻的方块形的标记大不相同了。

阿纳蒂：是的，但是金属在4000年前就存在了。通过堆积泥土来估算时期，必须考虑到有时也许是一场洪水，或是一阵强风，都能使泥土堆积半米，所以根本不需要4000年的时间来沉积20厘米。

刘五一：明白，但是您看，这个地区的岩画和雕刻都位于山顶，岩画的表面暴露在外面，并且方位向南，而不是在山谷的底部（图73）。

阿纳蒂：当然，如果这样的情况下，就会发现10米高的泥土。

刘五一：正因为这些岩画在山顶，人们才不会破坏它们，所以泥土就一层一层的堆积起来了。

阿纳蒂：情况是有变化的，不能根据这个判断出年代。泥土的堆积有不同的因素。苔藓也有很大的作用，如果这些岩石上长满了杂草，就

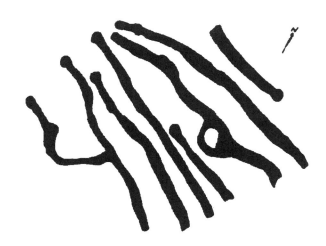

图 73　《沟槽》　具茨山岩画

会立刻形成一层土壤。这些杂草还会消失，因为到冬天它们就会枯萎。泥土以这样的方式会积累地很快，所以我认为不应该这样考虑问题。应该对四周进行挖掘，收集遗迹，探索古人是否在这里睡觉。假如他们在这里生火做饭，可以检查一下他们是否食肉，是否有骨头留下等情况。如果这些骨头是动物的遗迹，通过挖掘四周能找到很多遗迹。在四周并不仅限于岩石的四周，也包括平坦的地方，可以想象古人在那里整天吃住和休息的景象，在那里会比在岩石的顶部更加舒适。但是这个地方必须靠近这些岩画，在这个地区的 50 米的范围内，这样一些发现才会有帮助。我认为考古挖掘是一个很好的经验。正如我先前建议的，先建立一个详细信息的通用数据，这是好好研究的一个开始。

　　刘五一：我们刚刚开始对这个领域进行研究，在您的教导下，我们会全力以赴。

　　阿纳蒂：谢谢，我也认为这是一个很好的开始，这也将是一个很重要的发现。

　　刘五一：您知道在具茨山发现的岩画都是以六个杯状穴为单位排列在一起的，一排六个，可是两排、三排、四排、五排，直到六排。今天下午我们参观了一些特殊的岩画，除了一排六个的杯状穴，还有一个大的杯状穴在中间，周边有五个、六个、七个、八个、九个、十个，直到十一个杯状穴的环绕。我们把这些杯状穴连在一起叫作"皇冠"或者诸如此类的。在这里这类岩石不计其数，我们不知道如何解释。

阿纳蒂：在其他地方，这大部分与预测占卜有关。通过数据分析，我们可以确认在这里岩画是否用来预测占卜的，但是我们能保证在其他十个地方是用来预测的，就可以得出在第十一个地方也是占卜的，也许是，也许不是，我们需要核实确定。

刘五一：是，很对。如果它是与日历、阴阳。您知道阴阳吗？中国的《易经》。

阿纳蒂：日历是由阴历和阳历组成的，如果是阴历，需要 29 个点表示一个月，如果是阳历，需要把一个季节分成几个部分。有好几种不同的划分方式，但是六加六并不能表示日历，日历至少需要 29 个点。

刘五一：也许是一天 24 个小时，四六二十四。

阿纳蒂：他们怎么会计算小时呢？那时他们还没有小时的概念，小时也不会分为阴历和阳历。只有到文明社会才出现小时，每天工作 8 个小时的概念是人类的一大进步。我们知道那时的人们还不会计算时间，他们按照一天的自然发展而活动，白天该干什么，傍晚该干什么，夜里该干什么，他们的时间概念出现得很晚，我认为日历并不是一个很好的解释。

刘五一：只是一个猜测。

阿纳蒂：也许吧，天晓得。最好就是检验每一种可能性，然后一种一种的排除，例如可以确定他们肯定不是到那里钓鱼的，因为那里没有鱼，也没有水，所以钓鱼的可能性就排除掉了。通过分析可能性，可以排除一些确定不可能的可能。

刘五一：通过分析已有的可能，排除不相关的可能。我们在山顶找到很多房子的遗迹，有许多照片为证。我们做了大量的调查，发现了一些一两千年以前的生态群和瓷器。这些距现在时间并不长，有人说这是几百年前的遗迹，与源远流长的历史无关。但是有这么多的古人，它的历史一定很久远，在这里历史的痕迹并没有被破坏。所以我们需要找到这些事件背后的真实的情况，并找到研究这件事的好办法。我们知道您是联合国教科文组织的顾问，我们该做到哪些，才能够得到合作和支持，不仅包括联合国教科文组织，还有其他一些国家共享研究成果以及文化方面的合作。

阿纳蒂：我是顾问，但我不是一个巡回的顾问。当我到达一个特定的区域，给出特定的研究建议。我不能决定自己去哪里，而是被别人决定去哪里。对于你们这里的情况，我也很难给出合理的建议，因为我也不知道这里会有什么可能，但是我可以提醒国际组织加入到这项研究中，把这项研究和文化提升到世界关注的级别。如果我们或你们提出一项需要世界各国共同参与关乎文化发展的项目，大家都能接受。如果你只是提出与你们的省份有关的一些项目，他们就会对你们不理不睬，说这个研究项目是你们自己的事。我认为这个研究项目应该扩大研究的范围。以岩画为例，在不同的选择区域，都有一些共同的主导因素，比如地形、坡度和大小尺寸等，通过在世界范围内的对比研究，就可以得到一些结论。在这种情况下，需要明确这个研究想要达到的目的。你想要验证一些材料，或想要核实其他一些材料，或者你们想要确定其他地方与你们地区的情况一样，这些都会使一些国际组织感兴趣。

刘五一：我不愿意做一些仅仅是为了省市利益的狭隘事情，我们愿意与大家交流文化的研究成果。地球是一个小小的村落，我们应该开放我们的大门，在文化方面积极合作交流。

阿纳蒂：现在你可能会问到的问题也是其他地方人民普遍关注的问题（图74），古人制造这些杯状穴是想要传达什么意思？他们是在沟通什么事情吗？还是在测试什么东西？这些测试先得到哪种颜色仅仅是一种占卜，它不是一种交流的方式。从另一个角度看，如果这只是天空或星座表达，它就是一种交流的方式。所以首先应该研究的问题就是做这件事目的或者都做了什么，然后再继续研究发现岩画的用途。总之，这是一个巨大的难题，许多地区都会对它感兴趣的，而且迟早这个问题都要解决。也许不同的人有不同的观点，如果验证这些观点，他们就会从他们观点的角度发现动机、承诺和证据。这就能推动文化的发展，文化的目的之一不是袖手旁观，而是不断向前发展，丰富人们的精神世界，

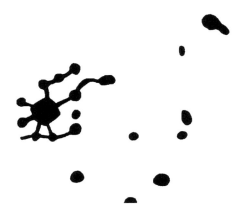

图 74　《环圆穴、沟槽、圆穴组合》　具茨山岩画

所以我认为这个研究项目有很大的意义。

刘五一：我们投入很多人力和物力，在将来我们会做很多。新郑是一个有山有水、美丽的地方，善良友好的人们在这里繁衍生息。您作为岩画方面的专家，我们期待您的继续关注和支持，谢谢您的合作。

阿纳蒂：这也是我的荣幸，很高兴能参观这座美丽的城市。

刘五一：非常欢迎！

——原发表于刘五一编著《中原岩画》，中州古籍出版社，2012年，第 211~220 页。

若干论点

Anati on Rock Art

岩画艺术的若干论点

杨超　译

一　遗产的维度

当我们谈起史前艺术，首先跃入脑海的是视觉艺术，我们知道，即便是科技最不发达的人群，也能借助音乐、舞蹈、表演和诗歌等形式来表达自己。他们精于雄辩、装饰和摆动身体，也有唤醒社会兴趣或性兴趣的艺术。史前人类发展出艺术创造的一系列形式，而我们暂时只能重现其中那些有物理痕迹可循的部分。

即便是借助图表和三维艺术，我们所能看到的也只是原始艺术产出的九牛之一毛。然而，这些有限的遗存对于理解人类文化母体有着极其重要的意义，使我们重塑看、想，以及对待世间万代万物的方式。分布在非洲、亚洲、美洲、澳洲的岩画点中，每处都有至少 100 万种图形。

几乎在每处，石器时代的人创作所用的主要材料都是木头。除了在石头、骨头、象牙以及其他未腐坏材料上的遗存，还有多少遗存留在木头、植物纤维、树皮、兽皮等易腐坏材质上，且已消失殆尽？

我们知道，旧石器时代的人常常把标记和踪迹留在沙土上，就像如今许多部落所做的那样。在户外，这些痕迹会被无常的天气破坏。所以这些艺术创造，只有一小部分历经千年风雨留存下来，其中又只有极少的一部分被发现。谁知道又有多少像坦桑尼亚高原中部、阿尔及利亚撒哈拉的塔西里、澳大利亚北部的卡卡杜、意大利卡莫尼卡山谷、法国多尔多涅的洞穴这样的艺术创作集中区域等待被发掘呢？此外，中国和其他地方的很多岩画遗址已经被发现，但还未展开相关研究。古代历史的很多篇章还等待揭秘。

早期的视觉艺术可以细分为"可移动艺术"（在可移动器物上的艺术）和"不可移动艺术"（在岩石上或山洞里的艺术）。这些遗产散落在世界各地，跨越了 5 万年的历史。

二　艺术的语法

WARA 计划收集了大量数据分析，为我们构建了理解"艺术"现象的全球视野。因此，我们得以区分三种不同语法符号。它们不仅在岩画中重现，在可移动艺术中亦然。我们称之为图画型岩画、表意型岩画和心理型岩画。

从图画型岩画中，我们能够识别出真实或幻想的物体、动物和人类图像。四种主题涵盖了大部分象形图，人形、兽形、地形和屋形、工具和武器。只有极少情况下有植物、风景、写实肖像等其他主题。

表意型岩画是综合的标志和符号（图 75），比如树形图、生殖符号、圆盘、十字、星星，或是成群的点和线。它们的相似重复看起来像是传统观念的象征表达。表意符号将古代书写和岩画里蕴含的思想从创作者传递到接收者。有大约 20 种表意符号在世界范围内传播。我们已经识别出主要的三种，身体结构的表意符号（如生殖符号、手印、脚印）；概念的表意符号（如十字、Z 字形、圆盘）；数字的表意符号（如成群成组的点、线）。这些术语都是应研究和交流的需要而产生的，并不一定表现出了表意符号原本的重要性。

心理型岩画是第三种类型，它既不是物体，也不是符号。表意符号用来表达自身，而心理图像不是。心理图像反映的是肾上腺素的突然流动，它可能表达感动、感叹、关心、祝愿，甚至是更微妙的心理状态，比表意符号抽象得多。事实上，它更像是一种原始的标志，在我们的意识记忆不再明确时，释放出联想和认知的过程。它的含义更多地隐藏在

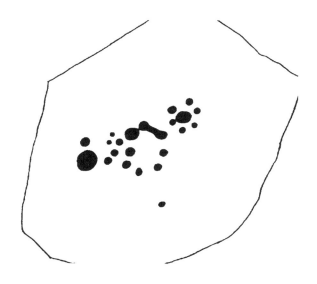

图75 《圆穴、环圆穴和短直线组合》 具茨山岩画

潜意识共振中，其即时性使之更值得注意。

初步的定量分析发现，不同年代、不同区域和不同文化族群中，象形图、表意符号和心理图像三者的数量存在强烈的相对差异。在早期狩猎者中，三者在世界范围内基本呈常态平衡，象形图和表意符号比例相当，心理图像零星存在。当场景成为句法联合的主要类型，心理图像趋于消失。在进化的狩猎者和牧民中，象形图占有优势。在采集者群体，表意符号占主流（图76）。在复杂经济体中，更大范围内出现变种，从象形图为主到表意符号为主。从范围来看，可以区分是否有心理图析。

在视觉艺术中，晚期智人（Homo sapiens）总是隐晦地表达自己。当一个人说"他是头狮子""他是头猪"或者"他是条蛇"，我们能够立刻理解其意思。在史前艺术中，动物形象经常有隐喻的内涵。他们同表意符号或心理图像中重现的符号相关。在北美大平原的悬崖上发现的黑色野牛画代表着伟大的印第安首领"黑色野牛"。对印第安人来说，这是显而易见的。在欧洲社会，鹰的画像代表着帝国，不管是罗马、柏林，还是维也纳。

图76　玻利维亚生殖崇拜岩画

　　一些范式具有永恒的价值。首先要区分普遍范式、类型范式和本土范式。普遍范式在全世界各个时代都有分布。比如95%的史前艺术都囿于五种主题，人形、动物形、结构、物体和符号，这就是一种普遍范式。世界上90%以上的岩画都是用红棕色颜料画的，这也是一种普遍范式。类型范式区分了艺术产生的五种主要社会范畴，早期狩猎者、早期采集者、进化的狩猎者、牧民、复杂经济体。范畴范式认为，狩猎者的艺术聚焦于表现野生动物，农业人群则呈现耕种场景，而家畜只有在练习驯养的群体的艺术作品中才能看到。本土范式刻画不同地区和年代的不同风格。在现代艺术中，欧洲的巴洛克艺术或"新艺术"、中国明代的绘画艺术等体裁变化，被称为"本土的"。晚期史前艺术的主要流派展现了本土范式的特征。

　　换句话说，艺术结构应当放到该类型的语法以及符号组合反映出的句法中去解读。

三 史前艺术的类型

在很多情况下，精确的技术方法被用来进行绘画、雕刻等。某些岩画的技术明显在全世界重复使用，并没有反映出文化内涵和传播的过程。在某些情况下，它就是已有的技术水平或者思考方式的结果。一些基本的颜色在全世界的岩画中被使用，目前为止，红色是使用最广泛的。

透彻分析世界岩画的基本要素，对确定普遍因素和局部因素来说十分必要。所依据的标准必须全球可用并且比较易行。五种元素被纳入考虑范围，创作主题、关联类型、构图和场景、体裁趋势、工艺模式、位置模式。

类型和内容的某些特定元素在世界范围内表现出恒定性，岩画的五种类型具有普遍性。

① 早期狩猎者指的是不使用弓箭的狩猎群体。他们食肉，动物是其最主要的艺术形象，人的形象很少见，而且往往具有动物特征。他们以写实和自然的风格来描绘对象。在过去，"采集—狩猎者"一词被通用。通过对史前艺术和部落艺术的分析可以发现，狩猎者和采集者之间存在着相关的类型和体裁差异。

② 早期采集者是指主要依靠食物采集为生的群体，主要食素。人形图像很常见，而且常常构成超现实主义图景和系列图形。小型动物，如乌龟、蜥蜴等常出现在画里。在采集者的艺术中，大型可食用动物的形象出现的次数远远少于在狩猎者艺术中出现的次数。他们的图画风格是动态的，其中描绘的人的形象也都在活动中。

③ 进化的狩猎者是指使用弓箭的狩猎者。他们的艺术包括叙述性的场景，也有趣闻轶事，主要是描绘狩猎和社会活动（图77）。

④ 牧人饲养者的主要经济活动是饲养牲畜，聚焦于家畜和日常生活。

⑤ 复合经济型指的是开展多样化经济活动的群体，包括耕种。他

图 77　阴山进化狩猎者岩画

图 78　澳大利亚先进狩猎者岩画

们的句法大多基于场景和图形符号的组合。他们呈现神话的场景、祖先的生活，包括人形的神以及被认为是拼音文字先驱的重复的符号群组。

过渡阶段和具有混合特征的群体的确存在。在每种类型里，都有一定数量的变种。以目前的研究状况和材料来看，超越局域分析的限制，制定主题、风格分析的总路线，十分必要。研究方法正在制定中，尚需进一步努力，但已有所产出。

视觉艺术展现了它所在的社会特征，同时也表现了创作者的个性，他（她）的关注点是，看周围世界的方式，与自然的存在关系。视觉艺术的岩画，它是一种原始书写，或者，我们可以称之为"书写产生之前的书写"（图78）。

同时，它也是一种原始语言的书写。因为在古老的时代，同样的表达、同样的关联、同样的顺序、同样的主题在全世界各处被发现。随着时间的推移，局域特征变得日益明显，因为人们开始适应不同的地理区域。

四　结　语

50000年艺术创作的图景，使得在全球层面对大脑功能常量、观念组合的基本过程进行比较研究成为了可能。随着现代人越来越具有地方性和专门性，在各个区域，艺术也习惯了地方特征。毫无疑问，相似的过程也出现在语言和文化的其他方面。

全世界史前艺术和部落艺术的主题基本相同，性、食物和领土。这些是人类长久关注的话题。它们都是借助图像表达出来的，常常也使用隐喻，神话也许就因此产生了。神话通过各种各样的形式使领土所有权、食物资源、性关系或者其他道德伦理要求被满足。新一代应当多关注这些遗产，因为更深入的认识能帮助他们丰富和重塑人类灵魂的广大、美丽和神奇（图79）。

从技术角度讲，人类在不断发展中。人的物理存在进化了，但是我

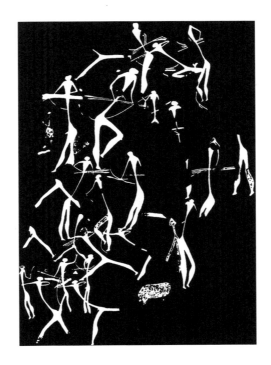

图79 《武士》 西班牙拉文特岩画

们发现，人的情感、美学、精神方面的能力和 50000 年前没有什么差别。原始艺术能够帮助我们理解文化、教育、生命内涵和美学伦理的平衡。

艺术暗含现实和想象，它从产生起就是对人的灵魂的洞察。关于天空、大地、岩石、风景、动物、人等自然构成的认知，是智慧的根基。解读自然的形式，去模仿他、完成他，并使之抽象、升华，不仅是艺术的开端，也是科学研究的开端。探寻内涵和起因的尝试推动其进步，这是现代人的不朽精神，他们一直都是追寻者和研究者。

今天的研究涉及符号解读。史前艺术是一种能够破译的语言。在这一领域，每年都有新的进展，对它的解读为世界史研究奠定了基础。一部真正的世界史应当包含书写文字产生之前的人类（图80）。

早期人类的艺术、想象和创造力对于世界历史的贡献是基础性的，是后来所有艺术的源头。这就是为什么理解最初的艺术不仅能够

图 80 《虎牛双雄》 宁夏北山岩画

为文化开拓新视野，也为我们认识人类智慧的广度、深度和存在价值
展开了新视野。

——译自《THE ORIGINS OF ART》，载《Rock Art and Prehistoric
Civilization》，2010 年。

岩画是一种语言，
有着自己的"句法"与"文法"

陈兆复　译

一　岩壁上的文字

在全世界约120个以上的国家里，他们的先民留下了崖壁画或岩刻的遗迹。

岩石，看起来似乎是人们首先选择用来创造艺术作品的载体。不管在当时艺术作品的总量有多少，岩画在其中所占比例如何，岩画的遗迹却一直留传下来给我们。画身、文身、人体装饰、人体图样、树皮画、棕叶画、沙土上的画图等等，这些都是别的艺术形式，可能存在于岩画之前，但它们不能经千万年的岁月而流传下来。至于音乐和舞蹈，我们仅在岩画的图像表现中，找到它们曾存在过的不直接的证据，或在考古的发掘中发现它们乐器的遗存。

岩画是典型的文字前社会的产物。它始于晚期智人的出现，而通常消失于当社会发明文字作为交流的工具的时候。

岩画作为最重要的人类文字发明之前的记录，它也是有价值的研究人类认识发展的资料源泉。几乎所有的史前艺术都集中在三个基本的主题，性、食物与土地。人类主要考虑的问题几万年来并没有很多改变，虽然时间在流失，年代在推移。

二　岩画艺术与它的环境

在注意这些作品自身的、图形的、知识的和观念的内容之前，我们需要澄清和了解一些有关岩画艺术与其环境的关系问题。

空间即作品的方式和位置，这是岩画所要选择的（图81）。它们之间有着明显的关联，但往往被忽略掉了。事实上，在岩画上所描绘的物象、符号和所在的位置是具体的、实际存在的，是有着明显的选择性。这种选择性不管是有意识的还是无意识的。对于岩画的比较研究说明，全世界的艺术家为其作品选择的位置是依照某种标准，这种标准范围广阔，但却在各地反复出现。

个人即人们做出某种选择有着明确的个人因素。他或她，年老或年轻、萨满或普通人。这些个人的因素也影响着艺术的创作。艺术从

图81　《猎人》　南非岩画

不去表现所有的事物，也不可能去表现各种各样的包罗万象的事情。艺术作品与个人、个性，甚至于社会地位有关。在某种情况下，在现代部落艺术和史前艺术中，有可能辨别出这些作品是部落的正式成员或非正式成员所创作的，是巫师或一般人所创作的，是男人或女人所创作的。

岩画即岩绘或岩刻，是在白天或夜晚的特定的时间里所创作的，或是在夏天或冬天制作的，甚至于是艺术家个人生命的某一特定的时期所创作的。而且，这种制作活动的时间性，还表现在创作是在某种体力或智力活动之前、之中或之后进行的。诸如在狩猎之前或之后创作的，在吃饭或睡觉之前或之后进行的，以及别的什么诸如此类的事情等等。

时间因素是重要的，艺术作品是发生在某种特殊的环境或特殊的机遇下。在独居的情况或是集体活动情况下，或在某种特殊的仪式之中。在嘈杂的环境中，或是绝对安静的条件下，只是一种沉思默想的产物。所有这些也帮助我们判断艺术作品是有着公共社会的，或只是个人私人的功能。

三　符号的类型，“句法”与“文法”

存在于相同的与不同的符号之间，有多种的类型和相互关系。可以用“句法”这个术语说明其相互关系，诸如并列、相继、场面等等。而“文法”这个术语则用以说明每个符号所指定的类型。

有三种明显的符号类型到处存在。

图画型（或神话型）：这些是可以辨认的现实的形象，动物或人物。

表意型：表现为符号或一组相互关联的符号。有时以圆圈、箭形、树枝形、棒状、树形、“十”字形、蘑菇形、星形、蛇形、唇形、“之”字形图样，男性或女性的生殖器等等。它们的意义，存在于它们所要传达的当时人们所能了解的观念。

情感型（无意识型）：这些作品，看起来既不是表现实际的事物，也不是去描绘什么符号。它们的出现是一种狂热的精力的发泄，可能是为了表现生与死的感觉，爱与憎的狂热，但是也可以被理解为表现某种征兆，或别的很敏锐的知觉。比起露天的岩画来，情感型的作品更多地出现在洞窟艺术中，或小型艺术品中。在这种情况下，作者所选择的岩石和岩石的形状，看起来能够体现出这种感情，这就更容易找到发泄情感的媒体。

"句法"指早期猎人的艺术结合图画型，表现各种普通的动物类型，诸如在坦桑尼亚的岩画中有大象和长颈鹿，在西欧的岩画中则有野牛和马。与此相似的，表意型在许多情况下也是完全一样的。

种种研究表明，图画型的画面往往与表意型结合在一起。通常的意见是它们基于共同的逻辑，它们构成象形文字的基础。从岩画看，的确已经组成了一种这样的系统——它的合乎逻辑的发展是必然要导致文字的发明，这在 40000 年前人类就已经开始着手了。

四 一个普通的概念基础

一幅画面所要表达的东西是有限的，要想通过它来了解每一样事情是非常不充分的。例如，在文艺复兴的绘画中，鸽子作为一种特殊种类的鸟，所以解释一只鸽子在画面上的全部意义，仅仅把它作为一只鸟是远远不够的；同样的，毕加索的和平鸽也远远超出一只普通鸽子的意义。艺术家已经赋予图画以一种象征意义，地中海的橄榄枝也是如此。

史前的图画型作品，常常与表意型结合在一起才能表达出一个完整的观念。但是，由于种种原因，以及年代久远，这种象形与表意的结合的真正的意义，我们现在已经不清楚了，只有通过学者们收集更多的材料，进行更多的观察，更多的研究，才有可能揭开这个谜底（图 82）。

图82　复合经济族群的岩画

印度，雷森，拉卡华（Lakhajuar）。一个窝棚内部的家庭场景。内有女人和
儿童以及日常用品，其他一些挂在屋顶。发现此处的考古学家推定其年代
是石器和铜器并用的时代，可能属于更晚的时期。

　　在许多岩画点和在最早的文字形式，表意型岩画是使用符号传达思
想，从作者到读者，从描绘真实的或想象的事物的画家到接受这些信息
的普通群众。

　　研究揭示出，在岩画中有一些经常出现的东西，不管在哪个大陆，
都有这些东西。诸如使用简单的技术和色彩，一定范围的经常出现的主
题，用相同的方法去组织不同的因素，相同的逻辑性，反复出现的符号
性的表意文字。特别是那些组合的方式，不管是图画型、表意型、感情
型的都是如此。更有甚者，它们的创作可能有着相同的结构基础，相同
的概念上的动力。

五　五种艺术的主要类型

　　从社会学的角度看，岩画的风格和内容，可能分辨出五种范围广阔
的类型。每种类型的特点，在世界各地到处可以被发现。

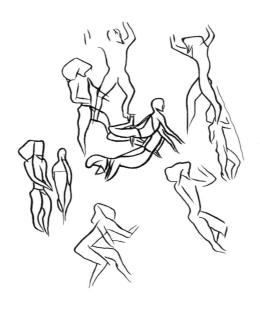

图 83　意大利早期狩猎者至后期狩猎者时期的洞穴岩画

（一）狩猎者岩画

狩猎者的岩画体现狩猎文化，属于狩猎文化风格的，有早期狩猎者岩画与后期狩猎者岩画（图 83）。

（二）早期狩猎者

早期狩猎者岩画，作者是捕猎巨大动物的狩猎者，他们还不知道使用弓箭。与其相伴出现的有符号与形象，但没有构图的场面。它的"句法"的组成，主要是合理的相续关系和隐喻的内容，而这些在这里往往是结合在一起的。

与早期狩猎者相联系的，还有早期采集者。这种艺术的实践者，他们主要的经济基础是采集野果。这种岩画的艺术形式是简单的形式和隐喻的自然，描绘出一种超现实世界。许多这种类型的艺术似乎是产生于一种幻觉的状态之中。

图84　以色列晚期狩猎者时期的岩画

（三）后期狩猎者

这种艺术的实践者是猎人，他们懂得使用弓箭。他们的艺术表现轶事和描绘场面，主要表现狩猎和集体场面（图84）。

后期猎人岩画，具有概念化的艺术风格，描绘的是一些精力充沛的人物，他们携带着弓箭。

早期狩猎者岩画，主要描绘巨大的动物和一些符号。在中国北方的岩画中，巨大动物包括野牛、老虎、马和骆驼等。它们被刻画在如今已是沙漠或半沙漠的地区的山崖上。形象往往是单个的，但描绘的手法却比较写实。早期的作品往往被后期的作品所覆盖，因而常常被人们忽略掉了。

后期狩猎者岩画，描绘着狩猎和别的日常生活的场景，样式化的，但却充满活力的人物带着弓箭，这些都是岩画中经常见到的。在新疆和内蒙古的岩画中，山羊和绵羊作为食物的主要来源，普遍地被表现着。中国北方的后期狩猎者岩画都是凿刻的，除了狩猎场景之外，舞蹈、战争和交媾等也都有所表现。

人面像也是常见的题材，反映出极富于浪漫主义的想象力。这种人

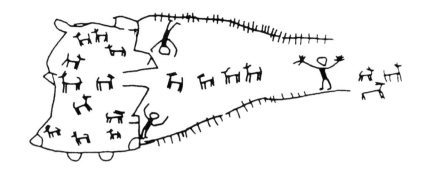

图 85　约旦牧人岩画

面像的岩画显然是与原始人类的宗教信仰有关。

（四）牧人的岩画

　　牧人风格的岩画体现着畜牧文化。田园与牧人，这种艺术的实践者，他们主要的经济活动是畜牧，并集中表现家畜与家庭生活的场面（图85）。

　　属于畜牧文化风格的有牧人的岩画，主要题材是家养的羊群和牛群。在中国云南省的岩画中，有些牛长着峰瘤。狩猎风格岩画，主要描绘野生动物、狩猎场景和原始宗教。畜牧业发展之后，在畜牧风格岩画中，家养的动物逐渐占据着主要的位置，也出现放牧的场面。

　　狗是最早被家养的动物之一，但它在画面上出现往往作为牧人的助手。羊是主要的家养动物，在放牧羊群的时候常常没有表现牧人，在阴山岩画中还出现一幅牧羊犬放牧羊群的例子。畜牧风格的动物往往成群地出现，有的又常常被样式化了，组成一幅巧妙的图案，即人们常说的"动物风格"，这在欧亚大草原上是一种非常流行的艺术风格。

（五）复杂经济岩画

这种艺术的实践者，有多种经济包括农业，主要组成他们艺术的有神话和传说的场面和由符号和图案组成的构图。

图 86　《栽种子》　西班牙早期农耕者岩画

（六）农耕的岩画

农耕风格的岩画体现着农耕文化（图 86），属于农耕文化风格，有农耕时期的岩画和混合经济的岩画，主要使用白色，包括按公式设计的图样，在非洲这些作品看来是与说班图语的人群有联系。

中国农耕风格的岩画，也往往与混合经济风格的岩画结合在一起。岩画出现许多符号、几何纹样和一些图案的设计，还有一些与农耕有关的日常生活的描绘。在中国北方草原，农耕生活并不发达，但属于这种风格的岩画持续的时间却很长，可能一直延续到文字的发明。在中国的东南沿海地区，1979 年在连云港将军崖发现的人面像岩刻，表现了植物神的形象，还有太阳和星空的图案。当农耕成为人们主要的生活来源的时候，太阳和苍天就会成为崇拜的对象。

这种划分必然仅仅是粗线条的。它们是过渡性的阶段和群体，表现出一种多样性的特征。根据目前的研究情况，可考虑的证据对我们是有效的。这种方法是以风格和题材为基础，由于超越地区的界限，是带有普遍性的。

岩画，从旧石器时代晚期的狩猎者到现代的部落民族，人们都在岩石上记录了人类长期活动的历史性篇章，它的内容包括早期人类的社会实践、哲学思想、宗教信仰、心理因素和美学观念（图 87）。

图 87　《船上执弓的武士》　埃及岩画

一系列材料说明着基于表现的主题和样式，可能被指出具有特定的意义的因素，并进一步分析它们存在于某种普遍的反映的东西，必然联系着特定的生活方式，并不仅影响人们的行为，同时也影响人们的思想、人们的协作，随之而来的是艺术的形式。

从艺术起源，如我们所知，约在四五万年前，人类已有某种精神行为。他们的行动依照特定的精神过程，造成他们的相互关系，符号、抽象或升华，即便在今天仍然是组成人类的一种明显的普遍的特点。

六　一种全世界的语言

在晚期智人和艺术来到之前，人类已有400万年的历史。因此，当人类的嬉笑、哭泣、惊诧第一次出现在地球上开始，而艺术，据时间的计算，它的出现只有人类历史百分之一。有关人类的早期的成就，这种艺术表现的出现并不像是一场革命。各种类型的测试想证明猿和直立人都有创造艺术的能力，但据我看来所有这些并未被发现出来。晚期智人的出现才具有与人们现代相似的看、听、感受的一整套的能力，也就是说具有明确的人类的智慧（图88）。

图88　红色岩画

南非，好望角省的西南部，塞达堡。进化了的狩猎者的艺术。在岩石下的遮蔽处有六个人，一些包裹和其他物品吊在顶部。中部一只手臂和头部最大的人形（可能是首领），与他右边那个隆起最大的女人形（有乳房）连接起来。左边和上部有三个表意文字，把竖的线条或"小棒"与横着的"嘴唇"联系起来的三对符号，其中一个对着两个人形。这三个表意文字好像在表明上述两人之间的性关系。

有关发生在遥远过去的岩画，却与人们的现在发生关系，这些早期猎人的视觉语言是一种全世界的语言。除了某些表达方式与风格之外，它们在全世界的不同地方，都是极其相似的。它们表现的形象与符号的组合，具有相同的逻辑性，说明着人们具有相似的思想方法和自我表现手法。这并不是无缘无故的，考虑到人们说话的语言也是基于这种相同的普遍的原理。

从智力的条件看，晚期智人创造艺术的能力是先天的。在晚期智人时期，这种人类智力的开发是令人自负的。

后　记

　　本书的第一篇《抢救世界的岩画》译于 1985 年，第二篇《世界岩画研究概况——一份送交联合国教科文组织的报告》也译于 1985 年，两篇文章合在一起由中央民族学院少数民族文学艺术研究所以《世界岩画研究概况》为书名在 1985 年作为内部资料刊行了。20 世纪 80 年代，正是我国的岩画点如雨后春笋一般从一些地区冒了出来，岩画的大量出现，使人们迫切想去了解岩画究竟是怎么一回事。所以这本内部资料的印行可以说是适逢其时的。就我所知，这本资料是我国第一本介绍外国岩画理论的翻译著作，当时只印了 100 本，在岩画界同仁中颇为流行。后来我在意大利的卡莫诺史前研究中心的图书室里也看到过这本书。

　　我不是翻译家，翻译文章完全是出于学习和研究的需要，或与同行交流，既少实践，也无理论。我国在清代的末期曾有过一次翻译的热潮。当时严复翻译的《天演论》几乎影响了整整一代知识分子。我记得他说过一句话，就是翻译要"信、雅、达"。"信"就是忠实原作，"雅"就是文字典雅，"达"就是文风流畅。我动笔翻译的时候常常记起他的这句话来，对我来说，"信"是最主要的，当三者发生矛盾时我会取"信"而舍"雅、达"。但这也难说，当文章译得聱牙诘曲、艰涩难懂时，"信"也无从谈起了。

　　说了文字，再说插图。

　　古人说"左图右史"，今人说"文图并茂"。插图在书中当然是很重要的。但本书的插图很多却不是原配，大部分是由编者安排的。那是由于大部分的原文是没有插图的。有些文章像《世界岩画研究概况》

最初发表于联合国教科文组织 1983 年出版的《文化遗产研究报告》第一集时是没有插图的，后来在 BCSP 第 21 期再版时插上了一些彩色图片，这对全是黑白的本书又不适用。另外，还有一点，我看到的阿纳蒂著作的插图大都是不编号的，比较松散地置于文中，而不与正文捆绑在一起。在编本书时，我们通信时他说："其实，您要用我的名字是不需要事先告诉我的，因为我相信您是不会用我的名字去做不好的事情的。"有他这句话我就大胆由自己决定来安排本书中的插图了，所以一些插图上的安排和解释如有错误由编者负责。

我在前面说过，本书译作最早作于 1985 年，而本书最早编辑却是在 2009 年，之后又修改过两次。出版方面也阴差阳错，耽误了几次出版的机会，直到中央民族大学老干部处提供资助，文物出版社决定出版本书。特别是王戈同志为此而奔走协商，出了不少力。她曾为我编辑出版过三本书：《古代岩画》（2002）、《世界岩画Ⅰ·亚非卷》（与邢琏合著 2010）、《世界岩画Ⅱ·欧美大洋洲卷》（与邢琏合著 2011），这是第四本了，使我非常感激。吕游同志也为本书出过不少力，一并表示感谢。本书译文经刘五一先生通读全文，并提出不少改进意见，使我感动不已。我今年八十五岁了，这本书大概是搁笔之作了。

陈兆复

2018 年 6 月 6 日